データで読み解く
被災地観光の可能性

長谷川 明彦
Akihiko Hasegawa

目　　次

第1章　はじめに ……………………………………………… **1**

　　第1節　問題意識 …………………………………………… 1

　　第2節　研究の目的と方法 ………………………………… 10

　　第3節　研究アプローチの整理 …………………………… 11

　　第4節　本書の構成 ………………………………………… 26

第2章　観光地の選別化 ……………………………………… **29**

　　第1節　近代観光政策の芽生え …………………………… 29

　　第2節　戦後政策と観光地開発 …………………………… 30

　　第3節　バブル崩壊と新たなる観光のうねり ………… 33

第3章　東日本大震災と観光産業 ………………………… **39**

　　第1節　産業間ネットワークの考察 …………………… 39

　　第2節　石巻市の観光資源 ………………………………… 66

　　第3節　観光被害額推計 …………………………………… 69

　　第4節　石巻市の観光施策と効率性評価 ……………… 81

第4章　余暇活動と観光ニーズ …………………………… **105**

　　第1節　余暇活動と国内観光需要の動向 ……………… 105

第2節　階層化意思決定法（AHP分析）に基づく余暇活動
　　　　ニーズの解析 …………………………………………… 110
第3節　観光地の魅力とテキストマイニングに基づく観光需
　　　　要分析 ……………………………………………………… 119
第4節　石巻市観光における北上葦原の価値 ………………… 138
第5節　コンジョイント分析による石巻復興応援ツアー …… 152

第5章　観光振興に向けて ……………………………………… **159**

第1節　震災の記憶とコンテンツ化 …………………………… 159
第2節　終わりに ………………………………………………… 167

参考文献 ……………………………………………………………… 173
あとがき ……………………………………………………………… 181
索　引 ………………………………………………………………… 183

第1章

はじめに

第1節　問題意識

1　自然災害と観光

　東日本大震災から時が経つにつれ、テレビや新聞で被災地が話題になる事も少なくなってきた。しかし、今もなお、震災の影響は続いており、被災地のそこかしこに課題が横たわっている。

　2011年の夏、被災地支援として福島県災害対策本部に1カ月にわたって勤務した。震災後4カ月程度が経過したとはいえ、復旧にも程遠い頃であったことから、現場では福島県の職員に交じって各県市から派遣された応援部隊や民間ボランティア、マスメディア関係者が入り乱れ、騒然とした状況にあった。配属された福島県災害対策本部では、各支援物資に対する問い合わせや苦情などの電話が引っ切り無しにあり、また民間組織や各県市での支援状況を適宜ブログ上から流す作業に追われていた。

福島県災害対策本部（筆者撮影）

第1章 はじめに

飯坂温泉（筆者撮影）

塩釜漁港（筆者撮影）

　災害対策本部での勤務期間中、休日に疲れを癒す目的で近場の飯坂温泉を訪れた。そこは福島駅から電車で20分程度のところにある名湯で、宮城県の鳴子温泉、秋保温泉とともに奥州三名湯の1つとして知られ、松尾芭蕉も立ち寄ったとされる温泉郷である。多少の賑わいを想像していた。駅を降りると、いかにも温泉郷という景色が眼前に広がり、心が躍った。しかし、街中を歩いていると次第に別の感覚が湧き上がってきた。日曜日にもかかわらず誰一人出くわさない。道なりの温泉宿に入り、営業しているのか聞いてみたところ、客はいないが営業中であるとの答が返ってきた。

　派遣中に他県の状況を把握する目的で宮城県の沿岸部に位置する塩釜港周辺を見て回った。同港は松島湾の観光遊覧船の発着場として毎年多くの観光客が訪れていたというが、震災で多くの建物が被害に遭い、瓦礫の山があちらこちらに積まれている光景が目に焼き付いた。

　震災によって大きく変わった観光地の状況を目の当たりにし、早期の復旧・復興の必要性を感じると同時に、近年の逼迫した財政状況にある中で、政府や被災自治体は震災復興の緊急性から闇雲に漸増主義的予算編成といった魔手に手を染めしまう状況にある。今まで以上に事業の効率性に注意を払わなければならないと感じた。2006年に財政破綻した夕張市と同様の末路を辿ることがあってはならない。

ところが現実にはどうだろうか。震災復興に向けた平成 23・24 年度の政府復興予算だけでも実に 20 兆円を超える予算が投下（表 1-1 参照）されている。先進国で最悪の水準にある日本の財政は耐えられるのか。国と地方の長期債務残高は 2014 年度末にはついに 1,000 兆円を超え、対 GDP 比は 200% を超える状況にある。財政健全化が急務の課題となっている中で、被災地が如何にして効果的に地域の資源や魅力を発掘し、多くの観光者を惹きつける地域おこしに結びつけるか、すなわち観光振興をなすことができるかは、観光研究者に課せられた大きなテーマであろう。私達は復興と財源の両輪から考えていかねばならない。

表 1-1　政府復興財源措置

(単位：億円)

	平成 23 年度補正予算			平成 24 年度予算	合計
	第一次	第二次	第三次		
災害救助等経費	4,829	—	941	762	6,532
災害廃棄物処理経費	3,519	—	3,860	3,442	10,821
災害対応公共事業関係費	12,019	—	10,696	5,091	27,806
施設費災害復旧費等	4,160	—	4,038	—	8,198
災害関係融資関係経費	6,407	—	6,716	1,210	14,333
被災者支援関係経費	—	3,774	—	—	3,774
その他の東日本関係経費	8,018	—	24,631	3,999	36,648
原子力損害賠償法等関係経費	—	2,754	—	—	2,754
原子力災害復旧関係経費	—	—	3,558	4,811	8,369
全国防災対策費	—	—	5,752	4,827	10,579
東日本大震災復興対策本部運営経費	—	5	—	—	5
東日本大震災復興交付金	—	—	15,612	2,868	18,480
地方交付税交付金	1,200	5,455	16,635	5,490	28,780
東日本大震災復旧・復興予備費	—	8,000	−2,343	4,000	9,657
国債整理基金特会への繰入	—	—	—	1,253	1,253
年金臨時財源の補填	—	—	24,897	—	24,997
計	40,153	19,988	114,993	37,753	212,887

出所：財務省公表資料を基に筆者作成

第 1 章　はじめに

　では具体的には、観光研究は災害と向き合ったとき、何ができるのだろうか。被災地と研究支援の関係性を時系列で整理すると、「平時」、「災害時」、「復旧時」、「復興時」とフェーズが移り変わっていく中で支援できる研究の中身は変わっていくことがわかる。例えば、平時における研究支援としては、観光防災研究が挙げられよう。行政、事業者ともに災害に備えた取組みを進めているが、東日本大震災や熊本地震のような激甚災害において、現場では予期せぬ課題が幾つも起きているはずである。通常の地域防災の範疇に留まらず、土地勘の無い観光客等の一時的滞留者の安全確保を如何に図るか。地域の行政や住民・企業が一体となって確保していく体制づくり、すなわち、観光防災の立場から検証することで、次の災害に生かせる研究成果が期待される。また、発災後は通常、早期に直接被害調査が行われ、復旧工事が進められる。しかしその一方で、観光被害推計は行われず、費用対効果もはっきりしないため、観光復旧が後手に回るケースが多い。早期における観光地や観光資源の現状、棄損調査、観光被害額推計がその後の復旧規模や期間の判断材料として役立つはずである。

　また、復興に向けた研究支援としては観光マーケティングが考え得る。東日本大震災では原発問題で汚染されていない地域まで風評被害に苦しんだ。筆者が訪れた飯坂温泉もその1つであり、風評がどの程度地場産業に影響を及ぼすのか、被災地の観光業が事業継続していくためには、どのような誘客プロモーションが有効なのか、観光者ニーズ分析が被災地復興に貢献できるはずである（図1-1）。

　2016年4月には東日本大震災以来の震度7の大地震が九州・熊本を襲った。観光は国を牽引する成長分野と期待されているが、災害大国である日本において、自然災害に伴う観光資源毀損や風評被害は観光地において常に意識しておかねばならない問題であろう。現在もなお、被害に苦しむ被災観光地や今後起こり得る災害に対して観光研究は何ができるのか、研究者に課された課題は多岐にわたる。

第 1 節　問題意識

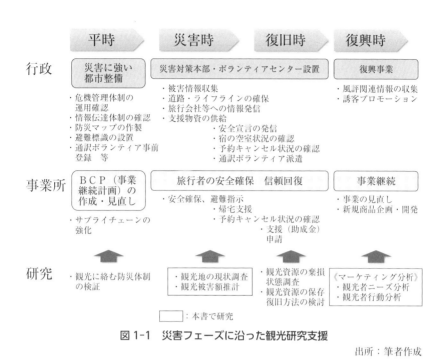

図 1-1　災害フェーズに沿った観光研究支援

出所：筆者作成

2　何が観光資源となるのか？

　被災地観光の可能性を検証するうえで、まずは何が「観光資源（resources for tourists）」になり得るのかを整理しておきたい。河村（2004）は観光活動が主体である訪問者と客体である観光資源の間での相互作用を意味するとし、観光資源を次のように分類している（表 1-2 参照）。

　河村（2004）が定義する観光資源分類表の下では、自然及び人文・社会遺産を観光資源と捉えており、基本的に観て楽しめる物が、客体である訪問者に癒し等の働きを与えると分析している。そして、訪れた者の評価は様々な媒体を通じて拡散し、その評価を目にした人々の観光行動に影響を与えていく。

　しかし、近年ではこの分類に当てはまらない観光が登場し、地域振興に繋

5

第1章　はじめに

表1-2　観光資源の分類

観光資源	自然観光資源	自然景観・自然療養地	火山、温泉、山岳、草原、島嶼、海岸、湖沼・河川、地質、洞窟、奇岩・奇石など
		気象条件	気温、湿度、日照、月光、風雪、雲海など
		動物・植物資源	珍獣、希少動植物、漁磯、釣り場、狩猟地、森林、新緑、落葉など
	人文・社会観光資源	歴史・文明遺産	古代人化石、遺跡・遺物、古代寺院、民族的庭園、故事・民間伝承、伝統工芸、歴史博物館など
		現代社会・文明	現代建造物、交通・通信施設、商業センター、社会制度、化学技術、産業、娯楽、工芸美術、割烹など

出所：河村（2004）

げようとする取組みが各地で展開されるようになってきた。ニューツーリズムと呼ばれる体験型・交流型要素を取り入れたジャンルの観光である。見知らぬ場所で食の体験をするフードツーリズムや漫画やアニメなどの舞台を巡り楽しむコンテンツツーリズム、そして戦争や災害跡地など負の遺産を尋ね学ぶことを目的としたダークツーリズムなどがこの種の観光に当てはまる。

　石巻市の商工観光課を訪れた際に今後期待する観光形態について尋ねてみたところ、ブルーツーリズムやグリーンツーリズムに期待を寄せているとの返答を頂戴した。震災以前、石巻市の観光資源が自然景観や海の幸であったことを考えると、同市における観光資源が災害によって毀損した現在、かつての姿を取り戻すための復旧・復興活動そのものがニューツーリズムの原資となり、新たな観光者の訪問が期待されている。

3　観光資源を生かすには？

　森重（2012）は観光資源を「観光に利用するために、人々の働きかけの対象になり得る地域の要素」と捉え、人々が地域の要素に何らかの働きかけを行う意向を持つ段階を「対象化」、実際の人々の働きかけによって地域の要素を資源に変換するプロセスを「資源化」、さらに資源を生産・流通・交換できる財・サービスに変換するプロセスを「商品化」とし、この一連の流れ

を資源化プロセスと定義した。しかし、この種の観光資源は、特に「商品化」の段階で地方行政をも巻き込んだ地域全体の取組みを必要とし、何もしないままでは観光資源として昇華されずに埋もれてしまうことが多い。筆者が勤める東京都（表1-3参照）をはじめ、各地では官民が連携してニューツーリズムの種となる観光資源を発掘、対象化し、資源化プロセスを支援する取組みが進められており、石巻市でもニューツーリズムを支える取組みが必要である。

尾家（2010）によるとニューツーリズムという用語が日本で使われ始めたのは、2005年頃からで、自治体や観光協会などにより地域の観光振興に関連した観光戦略策定において使われるようになったという。高度経済成長期以前は、観光需要は団体旅行中心の右肩上がりの状況で、この頃の観光振興は旅館や土産物店、バス会社などの関連産業だけの問題とされ、地方行政が取り立てて意識することがなく、観光行政は商工・経済振興関連の部局の1つとしてしか認識されない時代であった。

しかし、過疎化が進み、地域経済が停滞してくる中で、観光と地域づくりを一体的に扱い、魅力ある地域づくりを進めることが、交流人口を増加させ、地域振興につなげられると考える地方自治体も次第に増えてきた。そして、特にバブル崩壊後は各地で観光振興条例が制定され、「資源化・商品化」を中心とした各種支援事業が進めらるようになる。ただし、現在各地で進めら

表1-3 東京都のニューツーリズム支援事業

事業内容	2014年度	2015年度
東京アニメワードフェスティバル等のイベント観光振興	1億2,900万円	1億2,900万円
東京発クールジャパン支援	4億7,900万円	7億5,900万円
観光産業振興（観光PR等）	41億1,100万円	95億8,400万円
（観光PR事業例） ・ロケ地をめぐるお散歩マップ ・ハニー東京（アニメで東京の魅力を紹介） ・東京大マラソン祭り2015「フォトコンテスト」	・トーキョーアニメ＆マンガマップ ・デジタルパンフレットギャラリー 　　　　　　　　　　　　　　　等	

出所：平成27年度東京都予算案及び東京都HPを基に筆者作成

れつつある資源化プロセスを目指す地域一体の観光振興とバブル期の行政の
ケインズ政策的箱物投資とは似て非なるものである。かつて夕張市では地域
に無理やり観光資源を作り、無理やり「対象化」される物を創造することで
地域振興をなそうとし、失敗した。夕張市は炭鉱の町として栄えたが、1960
年代以降の石炭から石油へのエネルギーシフトの影響もあり、炭鉱は閉山に
追い込まれてしまう。そして、1979年に誕生した中田市政の下で新夕張振
興マスタープランが作成され「タンコウからカンコウへ」と舵が切られた。
ところが、その実は石炭の歴史村（総工費120億円）、夕張岳ワールドリゾー
ト構想（140億円）、夕張バカンス村構想（30億円）、トムソーヤ冒険共和国構
想（36億円）などのリゾート開発事業構想が矢継ぎ早に発表され、箱物建設
で無理やり「対象化」物を作り出そうというものであった。この結果、地方
債残高は税収をはるかに凌ぐ規模で膨れ上がり、2006年には自主再建を断
念。準用財政再建団体[1]へと転落してしまうことになった。夕張市に限ら
ず、バブル時代には宮崎県が進めた宮崎シーガイア、岡山県が進めた倉敷チ
ボリ公園など各地で巨額の資金を投じた無理な対象化作り、すなわち観光資
源開発がその後の地方財政の逼迫を招くことになる。

　バブル崩壊後、政府はそれまでの有用性、効率性を無視した乱開発による
財政赤字を増加させてきた反省から2001年に「行政機関が行う政策の評価
に関する法律」を制定する。同法には「政策効果は、政策の特性に応じた合
理的な手法を用い、できる限り定量的に把握すること。」と規定されている。
もちろん、効果の測定には時間や手間が掛かるといった物理的な問題があ
り、また、仮に効果を指標の変化として捉えることができたとしても、それ
がどの事業に依拠するものかを把握することにも困難が伴う。しかし、それ
でも実施する事業の効果について、定性・定量の両面から把握することは、
地域振興の実現性を高めるとともに、市民へのアカウンタビリティを高める

---

1) 準用財政再建団体とは、地方財政再建促進特別措置法第22条第2項に基づき、赤
　字額が標準財政規模の5％（都道府県）または20％（市区町村）を超えた破綻状態
　にある地方自治体が、総務大臣に申請して指定を受けた地方自治体のことを指す。

といった観点からも必要であろう。地方行政においても、社会科学的な根拠に欠けるものの、ベンチマーク型の行政評価の仕組みが浸透し、今日では都道府県をはじめ、政令指定都市、中核市、特例市といった規模の大きな団体のほとんどで行政評価が実践され、施行される施策や事業の妥当性や効率性が意識されるようになりつつある。

　日本政府は震災以前より経済活性化の目玉として観光立国を掲げ、観光を成長戦略の柱にし、官民を挙げて様々な資源化プロセスの取組みを進めてきた。観光業は旅行業、宿泊業、飲食業、運輸業、製造業など多岐にわたる業種が関連する裾野が広い産業である。雇用創出効果も大きく、各市町村も観光都市を目標に様々なイベントや誘致活動を展開してきた。しかし一方で、観光資源を直接的に金銭で評価することの困難性ゆえ、定量的側面での研究が遅れ、支援を講じることの根拠づけが乏しく、また有効な事業が実施できていないケースも見受けられる。また、特に地方行政では、統計情報や各種アンケート調査から得られる分析資料があっても十分に活用されず、各種観光事業が予算消化の材料として使われたり、有識者の評価結果のみの公表でその具体的判断材料が明らかにされていなかったりと施策の構築に不明瞭な部分が多く、市民へのアカウンタビリティにも欠ける状況にある。バブル期のような極端なリゾート開発事業ではないにしても、行政のこうした取組みには注意しなければならない。

　では、観光施策・事業をどのように評価し、判断すればよいのか。そして、観光による地域振興を図るにはどうすればよいのか。震災で外部環境が大きく変化した現在、新たな観光需要を掘り起こすためのマーケティング分析を通じた旅行者嗜好の把握など、データ解析の重要性は増しており、特に90年代以降、様々なデータの解析手法が研究され、実践されるようになってきた。観光事業に対する投資手法としても、それ以前のコーポレートファイナンスから、プロジェクトを多角的に評価し、定期的なモニタリングを行うことが前提となるプロジェクトファイナンスをベースとした事業（公共事業ではPFI事業[2)]などの民活事業）が増えてきている。筆者もシンクタンク研究員時代に学校、病院、市民会館や観光施設等多くのPFI導入可能性調査事業を

手掛け、事業実施の可否を調査し、幾つかの事業で採算性の低さを理由にプロジェクトの中止を提言してきた。税金によって実施される公共サービスは、市民のより高いサービス品質への指向を目指して行われることになるが、資源化プロセスを成功させ、維持していくためには、費用便益等の定量的な評価が求められる。当然、定量的な評価を行ううえで、データの入手が不可欠となる。最近では高度情報化社会の進展に伴いデジタルデータが手軽に入手できる時代になり、ビッグデータが注目を集めるようにもなってきた。民間企業でも商品開発において消費者の購買行動履歴を解析し、商品開発に生かす試みが進められている。観光分野でサービス改善を図り、地域活性化の起爆剤としていくには、客観的な解析を行い、効果的な戦略の企画を練ることが期待される。そこで、本書では被災地である石巻市を事例に各種データ解析を行い、観光施策・事業の評価手法について検討し、観光振興に向けた方策について考察した。

第2節　研究の目的と方法

　本書の目的は東日本大震災の被害を被った石巻市を研究対象に現地で見聞きし、感じたことを基に定性的な分析を行うことに留まらず、関連データを定量的に計測し、多角的な見地から被災地観光振興の可能性を追求することにある。

　従来、観光に関する研究領域としては、参与観察（調査者が被調査者集団の内部で長期にわたって生活し、その実態を多角的に観察する方法）や聞き取り調査を手法とした地理学や社会学など定性的研究が中心でデータ解析に基づく定量的なアプローチ研究はあまり進められてこなかった。これは適切な解析手法が無かったことや観光入込客数など関連統計が未整備だった点がその原因

2）PFIとはPrivate Finance Initiativeの略で、1992年に英国で誕生した民間による資金調達を基調とした社会資本の整備手法のこと（佐々木・長谷川（2006））。

として挙げられる。地域の観光資源を発掘し、世間に広く紹介する手段として、定性的な研究は有効であったといえる。しかし、被災地の観光振興を考えた場合、これだけでは不十分で、観光産業や資源に対する震災の影響がどの程度であったのか、震災で観光者の意識がどう変化したのか、潜在マーケットはどの程度の大きさになるのか等の客観的な分析があって、初めて戦略を論じることができるようになる。そこで、本書では関係者へのヒアリングや現地調査を通じた社会学的アプローチに加え、アンケートや統計データを基にした経営学や経済学的分析手法を使うなど、多角的アプローチを用いて事例研究に取り組んだ。

第3節　研究アプローチの整理

1　先行研究と本書の意義

　観光学は学際的な研究であり、様々な角度から研究されてきている。何を求めて人は観光するのか。そのような問いから研究が進められてきた。観光とは古くは中国古典の四書五経の1つ「易経」に「観国之光利用賓干王（国の光を観るは、もって王に賓たるによろし）」とある。「国の光」は地域の優れたもの、特色を意味し、こうしたものを観ることが観光の語源といわれる（須田（2005）参照）。すなわち、観光とは、優れたところを観るという意味で、大抵の場合、歴史的な場所や偉人にゆかりのある場所、自然景観の美しい場所を目的地として訪ねる行為を意味し、限られた層の特権的な行為であった。したがって、当時の観光であれば河村（2004）の定義する分類表は観光資源すべてを網羅したものであったといえよう。

　しかし、経済成長とともに、人々が自由に移動できる環境が整ってくると、観光は一部の層に限られた特別なことではなくなり、数多くの人々が観光地を訪れることができるようになってきた。特に1970年の大阪万博を境にマス・ツーリズム化が進んだと思われる。マス・ツーリズムとは、1950年代

の米国に始まり、西欧など先進諸国に広まったもので、それ以前は富裕層に限られていた観光旅行が大衆（mass）の間にも拡大した社会現象を指す。日本でも1970年代にはジャンボジェット機が登場し、広く大衆に観光が浸透した。そして、マス・ツーリズム化の進展とともに、観光の定義も広がりをみせるようになってくる。内閣総理大臣審議室（1970）『観光の現代的意義とその方向』では「観光とは自己の自由時間（＝余暇）の中で、鑑賞、知識、体験、活動、休養、参加、精神の鼓舞等、生活の変化を求める人間の基本的欲求を充足するための行為（＝レクリエーション）のうち、日常生活圏を離れて異なった自然、文化等の環境の下で行おうとする一連の行動をいう」とし、観光は余暇を楽しみ、観光地での交流や体験を通じて自己を高める旅として位置づけられるようになる。

1995年6月の観光政策審議会答申（第39号）では観光を「国民生活に不可欠な物」「地域の自然、歴史、文化等の素材を生かした振興により、地域の経済と文化を活性化させ、地域振興に寄与する。」とされ、地域経済活性化に資する産業として意識されるようになる。つまり、観光は最早ホテルや飲食業だけのものではなく、農林水産業や製造業など多様な産業間でのネットワークをつなぐ存在となってきた。旅行商品として様々なパーツと組み合わせることで新たな観光需要を喚起させ、地域振興につながる時代の到来が予期されるようになった。こうして、観光が地域振興においても重要な位置を占めるようになり、地方行政マターとなってきた。そのような中で歴史地理学研究の分野では、自分達の暮らす地域が観光地となることで得られること、逆に失われるものは何であるのかといった問いに対する研究が進められてくるようになる。

また、2000年12月の観光政策審議会答申（第45号）において、観光は「地域にとっても観光振興のために地域固有の文化や伝統の保持・発展を図り、魅力ある地域づくりを行うことは、アイデンティティ（個性の基盤）を確保し、地域の連携を強め、地域住民が誇りと生きがいを持って生活してゆくための基盤ともなる」と述べられ、観光を発展させていくため、地域固有の観光資源の維持もまた必要であることが提起された。

第 3 節　研究アプローチの整理

図 1-2　本書におけるアプローチ体系図

出所：筆者作成

　さらにバブル崩壊後はニューツーリズムが登場し、他産業からの観光分野への進出も進んできた。農業体験と観光が融合したグリーンツーリズムや漁業体験と観光が融合したブルーツーリズム、製造業と観光が融合した産業観光など複合産業化がみられるようになる。こうして、地方行政の資源化プロセスに向けた支援が一層重要視される時代が到来した。

　観光のような公共政策的な課題に対しては、様々なアプローチで捉え、政策に転換していく必要がある。日本公共政策学会 HP では、「公共政策研究とは学際的です。政治学、行政学、経済学、社会学などの社会科学のみならず、たとえば環境政策や電力エネルギー政策の分析においては、エントロピー理論をはじめ物理学や化学の研究成果からのアプローチも必要になります。」と説明されている。

　そこで本書では、被災地である石巻市の観光資源を公共政策研究課題と捉え、行政学をはじめ、経済学、経営学、社会科学など多角的な分析を行い、地域振興に向けた方策を探ってきた（図 1-2 参照）。

　観光政策の動きを観光関連法や関連制度の成立過程とその時代背景から整理する中で、近年ではインターネットの普及とともに国民の観光情報へのアクセス環境が飛躍的に高まり、観光地の選別化が起きていることがエントロピー分析によって明らかとなった。また、観光が裾野の広い産業であること

第1章　はじめに

表1-4　先行研究の課題と本書の意義

研究のねらい	現状分析研究	既存研究	課題	本書
石巻市の観光被害額の状況や観光費（投資）の効率値を明らかにする	震災における観光被害額	ストック面での直接被害額推計	観光産業の地域経済における位置づけや被害額推計が不十分	産業連関分析による観光被害額推計
	観光費（投資）の評価	個別事業における便益分析	複数観光施策を実施する自治体間の相対比較研究に乏しい	包絡分析法による観光費の効率性分析

研究のねらい	戦略分析研究	既存研究	課題	本書
石巻市の観光資源保全及び観光商品に関するデータ解析を行い、観光振興に向けた戦略を考察する	観光地の誘引力	観光資源に関する因子分析	被災地観光を余暇活動の選択肢の1つとして捉えた定量研究に乏しい	テキストマイニング、AHP分析による意思決定分析
	観光資源の価値測定	仮想市場評価法やトラベルコスト法を用いた便益評価	被災地での便益評価研究に乏しい	仮想市場評価法、コンジョイント分析による便益評価

出所：筆者作成

がネットワーク分析によって改めて確かめられた。そして、今回の震災被害がどの程度のインパクトを持っていたのか、どうすれば被災地が復興するのかについて、石巻市を対象に表1-4で示す手法により研究を進めてきた。観光に関する経済効果や投資効率といった地域における観光事業の実態を探求する現状分析研究、観光地の誘引力や個別観光資源を分析し、地域振興に生かす戦略分析研究については、経済学、経営学、言語学分野の各分野においてデータ解析手法を用いた先行研究が存在する。こうした先行研究で示された手法に倣い、かつ残された実証研究課題に対処し、観光資源保全及び観光商品について研究し、観光振興について考察した。

2 震災被害額に関する先行研究で残された実証研究課題と本書での取組み

東日本大震災における被害額の推計は様々な機関や研究者により報告されているが、推計対象範囲や解析手法により金額に大きな違いがある。震災による被害には施設や建物などストック面の被害を推計した直接的被害と物理的ダメージによって引き起こされる経済活動の停滞といった間接的被害がある。

2011年6月に内閣府（防災担当）は「東日本大震災における被害額の推計について」において震災の直接的被害額を推計しており、ストック（建築物、ライフライン施設、社会基盤施設等）の被害額が総計約16兆9千億円であったと報告している（表1-5参照）。

また、岩城・是川他（2011）は北海道・青森県・岩手県・宮城県・福島県・茨城県・千葉県の7道県におけるストック被害を対象とし、ケース1（津波の被害があった地区においては阪神・淡路大震災よりも被害が大きく、損壊率は2倍程度）で約16兆円、ケース2（津波被害のあった地区においては、建築物の損壊率が80％程度）で約25兆円と推計した。なお、本推計は表1-6の施設を対象としており、内閣府政策統括官の都道府県別経済財政モデルデータベースを基に推計が行われた。

表1-5　東日本大震災における直接被害額の推計

項目	被害額
建築物等（住宅・宅地、店舗・事務所、工場、機械等）	約10兆4千億円
ライフライン施設（水道、ガス、電気、通信・放送施設）	約1兆3千億円
社会基盤施設（河川、道路、港湾、下水道、空港等）	約2兆2千億円
農林水産関係（農地・農業用施設、林野、水産関係施設等）	約1兆9千億円
その他（文教施設、保健医療・福祉関係施設、廃棄物処理施設、その他公共施設等）	約1兆1千億円
総計	約16兆9千億円

出所：内閣府（防災担当）平成23年6月24日　記者発表資料

第1章　はじめに

表1-6　岩城他の研究で直接的被害額の推計対象としたストック分類

建築物	電気・ガス・上下水道	社会インフラ※	他の社会資本
住宅	水道	道路	都市公園
民間住宅	下水道	道路改良	治山
公的住宅	管きょ	橋梁整備	治山対策事業
学校	処理場	舗装新設	農業、森林、漁業
国立大学	工業用水	港湾	農業
公立大学	民間企業資本ストック	交通施設	農業基盤整備
公立の小・中・高等学校及び各種学校	電気・ガス・水道	係留施設	市場及びと畜場
民間企業資本ストック		その他	林業
食料品		空港	林道及び造林
繊維		航空路	漁業
パルプ・紙		空港	漁港
化学		海岸	社会教育
石油製品		海岸保全施設整備	社会教育施設
窯業		海岸環境整備	社会体育施設
一次金属		廃棄物処理施設	文化施設
金属製品		中間処理施設	
一般機械		最終処分場	
電気機械		収集運搬施設	
輸送用機械			
精密機械			
その他の製造業			
農林水産業			
鉱業			
建設業			
卸売・小売業			
金融・保険業			
不動産業			
運輸・通信業			
サービス業			

※社会インフラは社会資本のうち、道路（高速道路を除く）、港湾、空港、海岸、廃棄物処理施設を指す。

出所：岩城・是川他（2011）

第3節　研究アプローチの整理

　内閣府の推計に対して、原田（2014）は直接的被害額を国民経済計算及び総務省統計局の公表資料である被災関係データから4兆8,300億円と推計した。具体的には、被災関係データから被災者数が岩手県、宮城県、福島県で、50万人とし、また被害を受けた物的資産を国民経済計算から一人当たり966万円と仮定し、推計している。そして、この結果からさらに多く見積もっても6兆円であると考え、政府の推計は過大であると指摘した。

　また、間接的被害額を行った先行研究には、稲田・入江他（2011）論文がある。稲田・是川他（2011）はストック面の被害を推計した直接的被害と併せて、物理的ダメージによって引き起こされる経済活動の停滞といった間接的被害について、地域間産業連関を用いて分析している。具体的には、東北地域（青森・岩手・宮城・秋田・山形・福島に茨城を含めた地域）での消費・投資・輸出、及び東北以外の地域での消費・投資における東北からの移入分について、それぞれ20%が喪失されると仮定し、この結果、生産額ベースでは全国で11兆7,200億円（全国生産額の1.2%）、関西で5,854億円（関西生産額の0.4%）の損失が推計された。

　この他、細江（2011）が震災の間接的被害額について研究している。東日本大震災後のレジャー消費に対する自粛がもたらした影響について産業連関モデルによる推計を行っている。前提条件として娯楽サービス・飲食店・宿泊業の3つの自粛（被害）産業に対する民間需要が外生的に10%低下すると仮定して経済波及効果を推計したところ、農水産業とそれに関連する産業が2%程度、電気・ガス・水道・廃棄物や不動産、放送、広告業といったサービス業が1%弱生産を減少させることを明らかにした（図1-3参照）。

　震災の間接被害額を推計した前述の先行研究は、震災年に行われた研究であることから、風評被害を推計するモデルになっていない。細江は論文で自粛ムードが消費をどれだけ減退させるのか、この点を研究課題として挙げている。

　しかし、観光者数の減少については、自治体が公表する統計資料から捉えることができる。そこで、本書では観光客数の減少から間接的被害額である観光被害額を推計した。

第1章　はじめに

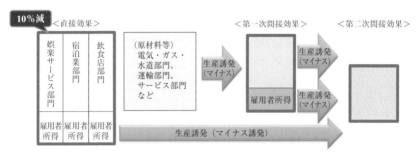

図1-3　震災の間接的被害額推計方法
出所：細江（2011）を基に筆者作成

3 観光費（投資）の評価に関する先行研究で残された実証研究課題と本書での取組み

　行政施策の評価や効率性については、財政状況が厳しくなったバブル崩壊以降に注目されるようになる。そして、市場を通じて金銭取引されず、値札の無い非市場財である公共サービスは、個人の行動結果に基づいた分析を基礎とした顕示選好法と、ある種の前提条件を定め、行動結果を想定した場合について尋ねる表明選好法によって価値が測定されるようになってきた。また、こうした便益評価手法は経済学、経営学に留まらず、政治学等の分野でも活用されるようになる。表1-7で主な便益評価手法の概要を整理した。

　しかし、これら行政評価手法は個別施策を評価できるものの、複数の施策を実施する都道府県の相対比較を行うことができないという研究課題が残される。

　そこで、本書ではこの課題の対処法としてDEA分析（包絡分析法、Data Envelopment Analysis）が評価手法として有効であると考えた。DEA分析は、様々な種類のインプット及びアウトプットの業績指標が存在する場合において、線型計画法を応用して生産フロンティアの包絡線を導出（対象集合の中で最適な生産を行っている主体を探索）し、その評価対象の相互比較を行うことで、投資資源と成果の関係、すなわち効率性を判定するための手法である。

18

第3節 研究アプローチの整理

表1-7 主な便益評価手法

顕示選好法	代替法	評価対象の財・サービスと同等な効果を有する他の市場財をもって代替して供給した場合に必要とされる費用から、そのコストを便益として評価する方法
	消費者余剰計測法	影響を受ける消費者の需要曲線を推定し、事業実施により生じる消費者余剰の変化分を求める方法
	ヘドニック法	投資の効果がすべて土地に帰着すると仮定し、住宅価格や地価のデータから地価関数を組立て、事業実施に伴う地価上昇を推計することにより、社会資本整備に伴う便益を評価する方法
表明選好法	トラベル・コスト法	観光地までの旅行費用と訪問回数の関係をレクリエーションに対する来訪者の需要曲線とみなし、目的地までの移動費用（料金、所要時間）から便益を評価する方法

出所：各種費用便益分析資料を基に筆者作成

1978年にA. Charnes、W. W. Cooper and E. L. Rhodesによって European Journal of Operating Researchで紹介された論文が最初とされる。DEA分析による評価研究としては公営バス事業を対象とした宮良・福重（2002）や地下鉄事業を含む公営交通事業者を解析した倉本・金坂他（2012）がある。また、宿泊旅行統計を利用した観光施策の評価には小池・平井他（2010）がある。

　本書では、このDEA分析を用いることで、被災県の観光行政の効率性を検証した。

4　観光地の誘引力に関する先行研究で残された実証研究課題と本書での取組み

　人を観光地に惹きつけるものは何であるのか。この疑問の解消に向けたチャレンジは観光研究における大きなテーマの1つとなっている。

　観光地の誘引力に関する研究は1960年代後半より進み、日本交通公社（1973）は、観光地のよさ（魅力）に注目し、因子分析（因子には「海的資源」「文化的・民族的資源」「四季の資源変化」「資源の連続性」「固有性」「眺望性」「静か」

19

第1章　はじめに

の7つが取り上げられた。）を用いて観光地の誘引力分析を検証した。

　また、室谷（1998）は観光需要者サイドの必要性に触れ、観光地の魅力を需給両面から捉えた項目を設定してアンケート調査を行った。観光地の魅力について、賦存資源、活動メニュー、宿泊施設、空間快適性の4つの大項目とそれを構成する11の小項目に区分し、優先度合いを分析している。そして、この研究から空間快適性が観光地に人を惹きつける大きな要素となっていることが証明された。

　室谷（1998）の研究では空間快適性の構成要素であるアメニティを「清潔さ、景観への配慮、歩行者環境の整備の程度」として定義づけられたが、このアメニティの観光地に対する誘引力について深く分析したものに田村・大津他（2012）の研究が挙げられる。株式会社日経リサーチの調査結果「地域ブランド戦略サーベイ：地域総合評価編」のデータを基に因子分析を行った。そして、アメニティを構成する因子が「歴史的遺産因子」「グリーン因子」「アーバン因子」「郷土文化因子」の4つの因子にカテゴライズされることを突きとめ、地域の観光資源について整理した（表1-8）。また、同分析結果から観光振興を進めるための地域ブランド開発として、魅力度と相関の高い複数因子の底上げを図るアメニティ・ミックス戦略を創造することの重要性を説いている。

　旅先の意思決定に関わる研究に、高橋・五十嵐（1990）の函館市の観光スポット研究や柴崎・荒牧他（2011）のクルーズ観光を取り上げた研究がある

表1-8　田村他の研究におけるアメニティ因子

○因子1　歴史遺産因子
　　構成要素：「名所・旧跡」「歴史・伝統」「町並み・景観」「工芸・工業品」
○因子2　グリーン因子
　　構成要素：「自然」「気候・風土」「農水畜産物」「温泉」「土産物」
○因子3　アーバン因子
　　構成要素：「商業施設」「娯楽施設」「宿泊施設」「美術館・博物館」
○因子4　郷土文化因子
　　構成要素：「イベント・祭り」「郷土芸能」「ご当地料理」

出所：田村正紀・大津正和・島津望・橋本理恵（2012）

が、いずれも AHP 分析（階層化意思決定法、Analystic Hierarchy Process）を用いた研究であった。1971 年に米国ピッツバーグ大学の T. L. Saaty 氏によって提唱された AHP 分析は、人間の意思決定の過程を数値で表現することを目的としている。例えば、ある人が商品を購入しようとする場合、自身の価値基準に基づいて意思決定を行い、価格、性能、デザインなどの様々な要素を考慮して決断する。この価値基準を数値で表すことが可能であれば、「人が何を購入するかを予測する」ことも可能となるという発想から生まれたマーケティング手法である。

高橋・五十嵐（1990）は、観光の魅力をポテンシャルと表現しており、ポテンシャルの評価基準に「有名である」「雰囲気・イメージがよい」「景観がよい」「観光サービス施設がよい」の 4 つを採用し、この基準から函館市の観光スポット「五稜郭」「トラピスチヌ修道院」「函館山」「西部地区」「駅前・朝市」を選択肢として分析を行った。

また、柴崎・荒牧他（2011）の研究では、図 1-4 のようにクルーズ観光における寄港地の魅力度を対象に、各評価基準として田村・大津他（2012）の研究成果で示されるグリーン因子に相当する「自然」、歴史遺産因子に相当する「歴史・文化」、アーバン因子に相当する「レジャー」の 3 要素を取り

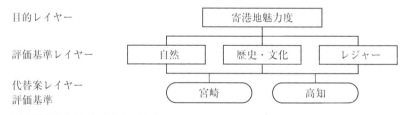

自然：自然景観、離島・無人島観光、ホエールウォッチングなどを目的とした自然観光
歴史・文化：民族・伝統芸能、史跡、町並み、特産物産、郷土料理などを目的とした文化・歴史景観
レジャー：ショッピング、テーマパーク、レジャー、体験型イベントなどを目的としたショッピング・レジャー観光

図 1-4　柴崎他の研究における AHP 階層構造と評価基準内容
出所：柴崎・荒牧他（2011）

21

上げ、代替案に「宮崎」「高知」の寄港地を選択肢としたアンケートを行い、分析を試みている。

以上のような AHP 分析を利用した観光需要研究により、観光スポットの定量的な解析が進められているが、休日の過ごし方として多様化されつつある今日、「観光自体も余暇活動の1つの選択肢」と位置づけて解析された研究事例が無い。そこで、本書では、この点が実証研究課題として残された領域であると認識し、観光を人々の余暇における選択的行動の1つとして捉え、分析を行った。

2011 年に東北地域を襲った東日本大震災は、原発問題も重なり、観光は地域の安全があって初めて成立しうるものであることを改めて認識させられる出来事でもあった。一方、数多くのボランティアツアーや防災教育[3]ツアーが企画され、復興庁 HP を通じて参加を呼び掛ける仕組みが整ったことは注目に値する。すなわち、観光の誘引力の1つとして、観る要素に加えて、訪問地の人々と「交流」し、「助け合い」、「学ぶ」という要素が加わってきたと考えることができよう。そこで、観光者の訪問地記録から観光の誘引力として何が挙げられるのか、テキストマイニングの手法により分析することとした。

テキストマイニングとは、膨大なテキスト文書の中から有用な情報を掘り出す（マイニング）のことで、有村（2003）によると、1980 年代後半より研究されてきた手法である。定型化されていないテキストデータを、一定のルールに従って整理し、データマイニングを行うことで、相関関係や出現傾向などから新たな知見を得る解析手法であり、最近になって観光分野でも応用され始めている。

内田（1998）は、市町村が発行している観光パンフレットに記載された文

---

3) 防災教育は、究極的には命を守ることを学ぶことであるが、そのためには、災害発生の理屈を知ること、社会と地域の実態を知ること、備え方を学ぶこと、災害発生時の対処の仕方を学ぶこと、そして、それを実践に移すことが必要となる（内閣府 HP）。

章を基に形態素解析及び主成分分析を行い、中部地方各都市のイメージとして「自然性」「歴史性」「都市性」の3つの構成要素を抽出する結果を導き出した。

また、浅川・岡野（2008）は、観光パンフレットを材料とし、パンフレットがどのように旅行目的としての魅力を訴求しているかについて、同手法を用いた分析を行っている。

辻井・津田（2012）はインターネット上にある宿泊予約サイトで利用者から投稿される感想コメントに注目し、テキストマイニングを試みている。

インターネット空間には、人々の生活・消費行動などに関する膨大なデータが日々蓄積されている。テキストマイニングに代表されるビッグデータ解析は、こうした大量かつ多様なデータを解析することで新たな知見を生み出そうとする取組みであり、今後益々の発展が期待されている研究領域である。

本書では以上のような先行研究を参考に、宿泊予約サイトを用いたテキストマイニングによるデータ解析を行った。

5 観光資源の価値測定に関する先行研究と本書での取組み

北上川下流域の河岸には石巻の主要観光資源でもある葦原が群生し、環境省の「日本の音風景百選」にも指定された美しい風景が広がっていた。しかし、震災後の津波で多くの泥やゴミを被り、その光景も一変してしまう。現在、この地では地元住民や企業が立ち上がり、日本全国から訪れる多くのボランティアの協力を得て、かつての景色を取り戻すための取組みが進められている。

一方、行政の対応を調べると、石巻では国土交通省、宮城県、石巻市が事業主体となった「水辺と緑のプロムナード整備事業」の検討を進めている。市民や観光客が気軽に水辺を楽しみながら石巻湊の歴史・文化を学び、人々の憩いと健康増進に資することなどを目的とし、北上川河口部の堤防整備とプロムナード（散策路）整備を行うという。なお、2016年に同市では実施設計業務委託料として1,700万円が計上された。

23

しかし、実は同整備計画では北上葦原の存続については触れられていない。そこで、本書では北上景観価値について仮想市場評価法による分析を試みた。

仮想市場評価法は環境変化に対する支払意思額や受入補償額を尋ねることで環境の価値を測定する方法である。直接人々に尋ねることから調査対象の守備範囲は広く、観光や景観の他、騒音や文化など様々な分野で利用することができる。栗山（2005）によると、1947年にCiriacy–Wantrupによって公共財に対する支払意思額を人々に直接尋ねることで公共財の価値を評価するというアイデアが示され、1963年にはDavisにより森林レクリエーションを対象とする実証研究が行われた。つまり、仮想市場評価法は世に登場した初期の段階から観光資源の価値測定手法として用いられてきたのである。

吉田（1999）は仮想市場評価法（CVM: Contingent Valuation Method）で都市近郊農地である埼玉県の見沼田圃の防災機能及びアメニティ機能の経済的評価を行った。解析対象となった見沼田圃は都市住民のオアシス的存在として散策路などのアメニティを提供しており、その価値は年間1世帯当たり6,617円と計測された。

なお、仮想市場評価法を用いた分析には「移ろいやすい人間の意識を信用できるのか」という批判がある。このような問い掛けに対し、肥田野（1999）は「人間の行動は経済学者が考えるほど完全なものではない。われわれの遭遇する多くの意思決定は1回限りのもので、いうまでもなく完全情報のもとで行われるわけではない。」「不真面目に回答するのでなければ個々人の意識の表明も非常に意味があり、ましてそれを集計して求める値は、個々人の差が打ち消し合い十分信頼してよいというものである。」と答えている。

バブル崩壊以降、政策評価あるいは行政評価が新聞紙面上に登場し、市民の公共サービスに対する効率性の意識が高まっており、経済系の識者を中心に評価手法が開発されてきたわけだが、日本におけるCVM研究の進展は表1-9に代表的な既往研究を挙げたように、それよりも少し前から主に環境・農業系の分野で研究されてきた。高度経済成長期に全国総合開発計画・リゾート開発計画の後押しを受けて全国で乱開発にが進められてきたが、それは同時に公害問題と環境改善に対する市民の企業との戦いの歴史でもあっ

第3節　研究アプローチの整理

表1-9　過去の CVM 研究

評価対象	支払意思額	研究論文
航空機騒音	25 – 35 万円/世帯/年	宮武（1980）
河川公園	0.7 – 2.5 万円㎡	平松・肥田野（1989）
水道水異臭味	2,000 円/月	平松・肥田野（1992）
景観形成作物（コスモス）	平均 845 – 1,246 円	藤本・高木・横井（1993）
農山村の祭りの価値	674 円/年（京都府木津町全体 406 万円/年）	新保（1995）
農村景観（湯布院）	16,140 円	樋口・吉田（1998）

出所：CVM 関連論文を基に筆者作成

た。斯くして、高まる市民の関心の後押しを受け、分析手法が開発されてきたのである。また、同時期は GATT ウルグアイラウンドによる農産物の市場開放や貿易自由化に向けた多国間交渉が進められた時代でもあった。このことも、やはり環境問題に対して市民意識を高め、環境資源の洪水防止機能や大気浄化機能、景観形成機能といった外部経済的な価値も見直されるようになる。国連の環境経済統合勘定に CVM による環境質評価が含まれるようになったのもその成果の1つとして挙げられよう。本書では CVM 手法を利用し、北上葦原の景観形成機能を分析した。

　またもちろん、観光資源は計測するだけでは意味をなさず、有効に利用し地域振興につなげていく取組みが必要となる。すなわち、観光商品の企画が重要となってくる。観光商品の企画開発に当たっては、観光資源の他、宿泊施設のグレードや食事など、どのような要素が消費者に気に入られるかを考えることが大切である。このような場合に有効な解析ツールとして利用されるのが、コンジョイント分析（conjoint analysis）である。同手法は、回答者の選好順位データを用いて、商品やサービスなどの選択対象の持つ属性ごとの効用（部分効用）と、選択対象に対する全体効用を求める。すなわち、消費者、顧客の潜在的な選好構造を把握する手法である。

　伊多波（2010）は観光都市である京都市の景観価値の計測において、表1-10 に示した高さ、デザイン、寄付金額の3属性からなるプロファイルを

第1章　はじめに

表1-10　伊多波の京都市景観研究における属性及び水準プロファイル

属性	水準1	水準2	水準3	水準4
高さ	高層建築の最上階や避雷針等が見える	高層建築の最上階が見える	高層建築等はほとんど見えない	
デザイン	雑然としている	統一感がある		
寄付金額	0円/人・年	100円/人・年	500円/人・年	1,000円/人・年

出所：伊多波（2010）

作成し、一対比較型のコンジョイント分析を行った。伊多波はコンジョイント分析が CVM と異なり、景観を構成する要素ごとにその価値を評価することができる点をメリットとして挙げている。

　本書では石巻の地域振興に向けた戦略的な旅行商品企画を検討するうえで、伊多波（2010）の研究を参考に、コンジョイント分析を行った。

第4節　本書の構成

　本書は宮城県石巻市を対象に行ったデータ解析を通じて、被災地観光の可能性を探求したものである。具体的には観光を取り巻く各種データの解析を行うことで、石巻市が持つ観光資源の価値について明らかにするとともに、アンケートを基に観光商品について検討し、被災地復興に向けた観光の新たなる可能性について考察している。なお、本書の構成は本章を含め、次の5章で構成している。

　第2章では観光地の選別化の動きについて紹介する。高度経済成長を経て、日本各地で観光地開発が進み、身近で手頃な観光地が増えてきた。また、2000年以降普及したインターネットの登場により、私達の情報アクセス環境が向上し、観光地の優勝劣敗の兆候がみられるようになってきた。本章では観光者数の動きからこの点を解説する。

　第3章では石巻市の観光資源及び観光産業の地域経済における位置づけを

明らかにし、経済的損失を産業連関分析を用いて推計した。また、石巻市における観光施策を洗い出すとともに、観光費（投資）の効率性について、都道府県及び周辺市町村との相対比較から石巻市の現状を分析した。

第4章では、地域振興に生かすための観光戦略を考えるうえで、アンケート及び評価コメントを材料に行ったデータの解析結果を整理している。第2節では休日の余暇活動に関するアンケートを基にした階層化意思決定法を行い、観光需要に対する関心度や評価基準について分析を行った。第3節では被災地の観光振興の鍵を探る目的で宿泊予約サイト「じゃらんnet」に掲載される石巻市の宿泊施設評価を用いたテキストマイニング手法により、訪問者の心情を解析した。第4節では震災以前、石巻市の最も有名な観光スポットであった北上葦原に焦点を当て、仮想市場評価法による支払意思額の推計を行った。そして、第5節ではコンジョイント分析を用いて、石巻ツアーの最適な観光パッケージの組合せを検討した。

第5章では震災の記憶の観光コンテンツ化に向けた取組みと本書で多岐にわたって解析した結果から、得られた知見と観光振興に向けた可能性について考察した。

第2章

観光地の選別化

第1節　近代観光政策の芽生え

　日本の近代観光政策は小谷（1994）によると、太平洋戦争前の1912年（明治45年）にまで遡ることができる。その始まりは、鉄道院の指導と経済界の後押しで現在のJTBの前身である民間組織、ジャパン・ツーリスト・ビューロー（Japan Tourist Bureau）が設立された時代にまで遡る。同組織は日露戦争後の経済を立て直すべく、外貨獲得という国家戦略の一翼を担うことが期待されていた。1915年に鉄道院委託乗車券（和英両分併記、通用期間3カ月、いつでも途中下車可能といった外国人観光客を優遇する切符）の販売権を獲得し、東京案内所にて活動を展開するなど、外国人誘致の中核的役割を果たした。また、政府でも翌1916年には大隈内閣の諮問機関である経済調査会が国立公園やホテル、道路など観光整備投資を進めるため、「外客誘致ニ関スル具体案」を提案し、国際観光振興の旗振り役を務めた。

　国民を巻き込み、外需獲得に向けて観光資源の発掘が行われたのが1927年の大阪毎日新聞社、東京日日新聞社の主催、鉄道省の後援で開催された「日本新八景」選挙である。総数1億通に迫った同イベントの開催で、観光地に対する熱い視線が全国から注がれた。昨今、日本各地で世界遺産登録を通じた観光ブランド戦略が盛んに行われているが、本事業はその走りともいえる。

第 2 章 観光地の選別化

　戦前の観光政策を整理すると、外貨獲得を使命とした事業が展開されてき
た時代であり、官民一体となって観光支援組織が立ち上がり、イベントを通
じた観光地評価、国立公園法による観光地格付けが行われ、国民に広く観光
資源の価値が意識されるようになった時代であったことがわかる。なお、こ
の時期に石巻では、1933 年に市制が施行され、初代市長に石母正輔（いしも
だしょうすけ）氏が就任。同年、宮城県観光協会石巻支部が設立され、観光
産業の強化が図られている。

　こうした観光気運の高まりを遮る出来事が 1941 年（昭和 16 年）に起こる。
太平洋戦争である。日本も戦渦に巻き込まれ、国際交流は途絶してしまう。
観光関係者の軍需産業への徴用も増加していったことから、観光政策は中断
を余儀なくされることとなった。ジャパン・ツーリスト・ビューローは東亜
旅行社へ改名し、1943 年には財団法人国際観光協会と合併、名称を東亜交
通公社と改めた。また、1942 年には鉄道省観光局が廃止され、観光は言葉
すら用いられることもなくなってしまう。1945 年には石巻でも空襲があり、
村上造船所や石巻造船所に爆弾が投下され、街も壊滅的な被害を受けたとい
う。

第 2 節　戦後政策と観光地開発

　1950 年代後半以降、団体旅行や修学旅行の登場で貸切バスの利用が増加
するとともに、全国各地で温泉をはじめとする観光地開発が始まった。ま
た、神武景気時代には三種の神器（白黒テレビ、洗濯機、電気冷蔵庫）に代表
される耐久消費財ブームが起き、特に洗濯機の登場で女性の家事労働負担が
減少していく。そして、岩戸景気を迎える頃になると、日本の実質経済成長
率は 2 桁台を記録し、女性のパートタイム労働の増加で世帯所得も飛躍的に
増加したことなどにより、余暇に対する関心が高まった。また、この頃の石
巻市は蛇田村との合併（1955 年）や渡波町との合併（1959 年）により、規模
が拡大した時代でもある。

第2節　戦後政策と観光地開発

　1964年（昭和39年）の東京オリンピックを前に交通網等の対応の遅れなどから、議員立法によって観光基本法が制定されることとなる。観光基本法は第1条で「国の観光に関する政策の目標は、観光が、国際収支の改善及び外国との経済文化の交流の促進と、国民の保健の増進、勤労意欲の増進及び教養の向上とに貢献することにかんがみ、外国人観光旅客の来訪の促進、観光旅行の安全の確保、観光資源の保護、育成及び開発、観光に関する施設の整備等のための施策を講ずることにより、国際観光の発展及び国民の健全な観光旅行の普及発達を図り、もつて国際親善の増進、国民経済の発展及び国民生活の安定向上に寄与し、あわせて地域格差の是正に資することにあるものとする。」と規定している。戦前からこの時期までは、外国人誘客による外貨獲得を目的として観光政策が図られてきたが、オリンピック開催とともに国内観光も飛躍的に盛り上がりをみせ、同条文の「地域格差の是正」に示されるように、国策として観光地開発が推奨されるようになった。したがって、観光はこの時期に国民の余暇活動の選択肢の1つとなり、地方経済と結びつき、地方における新たな産業として発展を遂げることになる。そして、以降バブル崩壊まで同法によって示される国の観光施策の基本的方向に沿って観光推進が図られてきたといえる。しかし、1960年代に入ると、世界経済は急速に不況風に晒されるようになってきた。英国病とまで呼ばれる経済低迷に陥った英国や、ベトナム戦争に突入した米国では、財政赤字や政府の累積債務の拡大等による厳しい財政制約を余儀なくされ、計画事業予算制度（Planning, Programming, and, Budgeting System）の下で予算編成作業に取り組まれるようになる。本制度は、ある特定の行政目的を達成するための類似貢献事業をプログラムという概念で捉え、各プログラムを当該省庁の行政目標に従い、高レベルの事業から低レベルの事業へと、階層的に配列する。そして、各プログラムが各省庁のどの行政目標に寄与するかを体系的に捉えて予算編成を実行する手法である。

　日本では、こうした英米の動きを学ぶため、1968年から各省PPBS担当者連絡会議が発足するも、オリンピック景気、いざなぎ景気と高度経済成長期を維持し続けたこともあり、1970年に大蔵大臣の諮問機関である財政制

第2章　観光地の選別化

度審議会では「PPBS は予算編成を合理化する有効な方法だが、わが国には導入の条件が十分整っていないので、差し当たりは条件の整備を急ぐべきだ」との中間答申を示し、当面の導入が見送られてしまう。

　1973 年に勃発した第四次中東戦争をきっかけとしたアラブ産油諸国の原油生産制限で石油危機が起きるものの、日本では個人旅行ブームの仕掛けが上手く機能し、観光熱は冷めることがなかった。その理由の 1 つは、日本国有鉄道が総力を挙げて取り組んだ大型観光キャンペーン戦略、ディスカバー・ジャパンにある。1970 年に開催され、6,400 万人を超える人が訪れた日本万国博覧会（大阪万博）で活気づいた国民のレジャー熱を持続させる取組みが国鉄を中心に展開された。全国 50 カ所の駅前に DJ タワーと呼ばれるシンボルタワーが建てられ、そこには、「DISCOVER JAPAN」とキャッチフレーズである「美しい日本と私」の文字が刻まれた。また、およそ 1400 カ所の駅にスタンプとスタンプ帳が置かれ、人々の観光意識を引続きつなぎ止めておくことに成功した。

　また、時を同じくして若い女性をターゲットにした雑誌「an・an」（平凡出版、現マガジンハウス）及び「non・no」（集英社）が創刊、1972 年秋以降は国内旅行の特集記事が毎号掲載されるようになり、これらの雑誌を手に軽井沢をはじめ、各地の観光地へ旅行する若い女性の姿が増加した。またこうした様子が様々なメディアに取り上げられ、アンノン族という言葉まで生み出すほどに若い女性の観光行動が社会現象化していった。

　経済が安定成長期に突入し、経済環境も再び活況を呈するようになると、国内観光熱を後押しするように、各地で観光地開発が盛んになり、1987 年（昭和 62 年）には総合保養地域整備法（通称リゾート法）が制定される。日本国土の約 20％が開発計画の中に組込まれたといわれるほどの一大ブームとなり、この好景気の波に乗って石巻では 1989 年に石巻専修大学が開学する。全国的に土地・ゴルフ・リゾートマンション等の価格は急騰し、バブルに沸いた。しかし、間もなくバブルが弾けると、今度は一転して、観光地の乱開発が長期にわたる平成不況の時代を招く一因となってしまった。

第3節　バブル崩壊と新たなる観光のうねり

　バブルが崩壊し、2000年代初頭までの日本経済は「失われた10年」といわれる長い不況の中にあり、デフレ・円高は近年まで続いた。そもそも観光サービスは需要の所得弾力性が高い奢侈財に当たり、経済が上向かないと需要は伸びてこないという特徴を持つ。それまで順調に推移してきた国内宿泊旅行者増に急ブレーキが掛かる。デフレ経済にあった日本では供給量が需要を上回る需給ギャップが存在する状況にあった。このため、観光業に限らず多くの産業において過度な値下げ合戦が引き起こり、企業収益の悪化を生み出した。この結果、多くの企業で人員整理などのリストラが実施され、さらなる内需縮小という悪循環に陥っていた（図2-1参照）。

　それまで拡大してきた国内観光需要が急減速する中で、観光を取巻く環境にも大きな変化がみられるようになってきた。インターネット普及である。1990年代後半よりインターネットが企業や一般家庭にも入ってくるようになると、瞬く間にその利用が広がった。総務省の通信利用動向調査によると、2001年末時点で人口普及率は既に4割を超え、2013年末には8割にまで達した（図2-2参照）。

　この波に乗って誕生したのがネット旅行業者である。日本初のネット旅行業者は1996年に日立造船コンピュータが開設した「ホテルの窓口」（現在の楽天トラベル）で、それに続いて2000年には旅行雑誌「じゃらん」を発行していたリクルートが開設した「イサイズ」（現在のじゃらんnet）、高級ホテル・

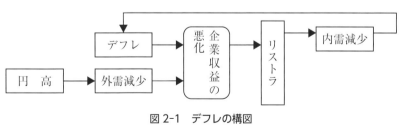

図 2-1　デフレの構図

出所：筆者作成

第 2 章　観光地の選別化

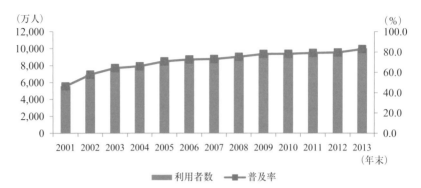

図 2-2　インターネット利用者数及び普及率の推移
出所：総務省「通信利用動向調査」を基に筆者作成

　旅館に特化した「一休.com」が開設され、サイトを通じた観光者誘致合戦が激しさを増してきた。矢野総合研究所の調査によると旅行サイトの市場規模は 2000 年に 980 億円であったものが、わずか 7 年後の 2007 年後には、2 兆円を突破、2009 年には 3 兆 3,000 億円規模にまで成長している（図 2-3 参照）。
　この旅行サイトの市場拡大は何をもたらすのか。高度経済成長期以降、漸く観光が日常的な余暇活動として選択されるようになってきたが、まだこの頃までは観光地情報も旅行前には漠然としており、どの地を訪れるかも旅行

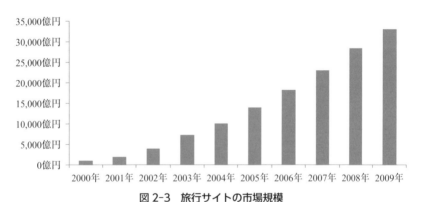

図 2-3　旅行サイトの市場規模
出所：矢野経済研究所サービス産業事業部調査・編集「旅行サイトの市場動向と業界展望」

34

会社の窓口で相談するという形態が一般的であった。そして、旅先で何を経験するかは、言わば行ってみてのお楽しみでもあった。しかし、インターネットが普及し、人々が自由に旅行プランを設計できるようになると、その様相が大きく様変わりしてきた。

旅行会社ではダイナミックパッケージ[1]に代表される旅行商品を販売するようになり、観光地情報もネットから手軽に入手できるようになってきた。情報源に個人が自由にアクセスできる環境が整うと、何が起きるのか。映画やアニメの舞台が急に観光地化し、人がどっと押し寄せる一方で、古くからの温泉街が錆びれ、結果、観光地の選別化も進んでいるのではないか。この仮説を検証すべく、JTB 宿泊統計年報を用いた分析を行った。

同統計では全国を北海道、東北、関東、東海・中部、近畿、中国・四国、九州、沖縄ブロックの8ブロックに分け、ブロック毎に主要観光地別に延べ宿泊者数の集計値がまとめられている。この集計データを用いて、ブロック毎の観光地の多様化あるいは集中化の動きを測定するために、エントロピー（平均情報量）による分析を行った。エントロピー（平均情報量）[2]はブロック j（全8ブロック）地域において、1つの主要観光地に観光客が集中して集まっていれば0の値を取り、主要観光地間で観光者が均等に分布しているほど指

---

1) ダイナミックパッケージとは、2005 年頃から販売され始めた旅行パッケージ商品で、消費者が、航空券と宿泊施設を複数の中から自由に選んで組み合わせて購入できるサービス。

2) エントロピー（平均情報量）は情報理論の創始者といわれる Claude. E. Shannon が考案した情報量の概念を基にしている。Shannon は出現確率が p である事象の情報量 I を

$$I = log_2 \left(\frac{1}{p} \right) = - log_2 p$$

と定義した。この情報量 I は自己情報量と呼ばれ、各事象の起こる曖昧さを量的に表している。エントロピー（平均情報量）はこの自己情報量の期待値として次のように定義される。

$$(Entropy\ Index)_j = - \sum_{i=1}^{n} \frac{x_{ij}}{x_{*j}} log_2 \frac{x_{ij}}{x_{i*}} = - \sum_{i=1}^{n} P_i \cdot log_2 P_i$$

第 2 章　観光地の選別化

数の値は大きくなるといった特性を持つ指標である。

エントロピーの指す値は、$0 \leq (Entropy\ Index)_j \leq \log_2 N$（$N$：主要観光地数）で示される。

図 2-4 に分析結果を示した。2009 年度から 2011 年度にわたって各ブロックを分析すると、北海道ブロック（2009 年度：3.65 → 2011 年度：3.59）、東北ブロック（2009 年度：4.00 → 2011 年度：3.40）、関東ブロック（2009 年度：3.03

エントロピー	2009年度	2010年度	2011年度
北海道ブロック	3.65	3.62	3.59
東北ブロック	4.00	3.94	3.40
関東ブロック	3.03	2.93	2.88
東海・中部ブロック	3.88	3.86	3.81
近畿ブロック	2.94	2.87	2.80
中国・四国ブロック	3.92	3.91	3.88
九州ブロック	3.85	3.85	3.75
沖縄ブロック	2.67	2.65	2.62

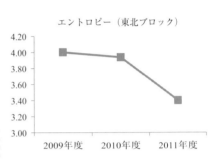

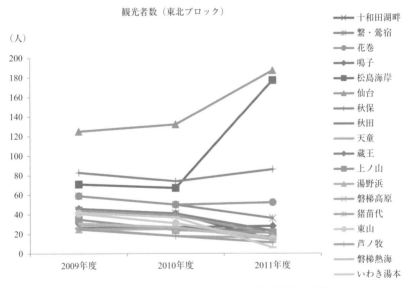

図 2-4　エントロピーと東北ブロック観光者数の推移
出所：JTB 宿泊統計年報 2012（JTB 総合研究所）データを用いた筆者分析結果

→ 2011 年度：2.88）、東海・中部ブロック（2009 年度：3.88 → 2011 年度：3.81）、
近畿ブロック（2009 年度：2.94 → 2011 年度：2.80）、中国・四国ブロック（2009
年度：3.92 → 2011 年度：3.88）、九州ブロック（2009 年度：3.85 → 2011 年度：
3.75）、沖縄ブロック（2009 年度：2.67 → 2011 年度：2.62）とすべてのブロッ
クでエントロピーは低下していることが明らかとなった。

　この結果は、全ブロックで観光客の集中化、つまり観光客が特定の主要観
光地に集中してきていることを指し示す。震災以前のデータではあるが、東
北ブロックの観光者数についてみると、仙台や松島海岸に観光客が集中して
いる様子が明らかとなった。

　ネット旅行業者の登場で、観光情報へのアクセスが格段に容易となり、国
民の観光地に対する目が肥えてきたことも選別化を進めた一因であろう。ま
た、近年では世界遺産登録などもマスコミの注目を集めるようになり、観光
資源の格付けが広く国民から注目されるようになってきたことも、今後のさ
らなる選別化を進めていく要因として考えられる。そうした情報へのアクセ
ス環境が変貌してくると、観光マーケットにおける旅行代理店の情報優位性
は薄れ、観光市場は観光者が観光地、そして旅行業者をも選択するリバース
マーケット市場へと変貌していくことが予想される。国内観光市場の伸びが
鈍化し、一方で多様化が進む中で、2008 年のリーマンショック、2009 年の
新型インフルエンザの大流行による訪日外国人旅行者の落ち込みも重なり、
バブル期の金太郎飴のような画一的リゾート開発に代表される箱物的な観光
対象化を進めてきた地方はユーザーから見放される状況になってきた。そし
て、市場の変化に対応できなかった観光地はさらなる逼迫した財政状況に追
い込まれていく。

　では財政難の中、地方行政は地元の観光振興を成功させるために何を成せ
ば良いのだろうか。思い込みの事業ではなく、市場調査を通じてユーザーの
ニーズを掴み、すでに存在する産物や景観を生かした資源化プロセスを進
め、施策のコストパフォーマンスを上げていかなくてはならない。

　高度成長期及び安定成長期での観光政策は供給者サイドに立ったハード中
心の観光地開発に重心が置かれていたが、バブル崩壊後は財政難のため必要

に迫られたということもあるが、ソフト路線への転換が図られてきた。そして近年では、質の向上を目指した観光政策が意識されるようになってきた。観光地の質の向上を図り、旅行者の満足度を高める取組みは、観光地開発のような一足飛びに効果が現れるものではないものの、ひとたび観光地としての魅力が醸成されると、その力はハード的な整備よりもはるかに力強いものとなる。訪れた旅行者はリピーターになり得るだけでなく、オピニオンリーダーとして、市場にその地の魅力を情報発信してくれる。そして、発信された情報がクチコミ（WOM：word-of-mouth）として新たな旅行者を呼び込むようになり、好循環が続くようになると、一気に観光客が押し寄せる地に発展する可能性を秘めてくる。このような成功循環の可能性を押し上げるうえでも、多角的な解析に基づく考察が有効であると考える。

第3章

東日本大震災と観光産業

第1節　産業間ネットワークの考察

1　背景と目的

　第1章で触れたように観光を産業的側面から眺めるとその裾野は広く、例えば観光庁が実施している観光地域経済調査の主な対象業種には「宿泊サービス」「飲食サービス」「旅客輸送サービス」「輸送設備レンタルサービス」「旅行代理店その他の予約サービス」「文化サービス」「スポーツ・娯楽サービス」「小売」が挙げられている。もちろん、これらは全業種の一部に過ぎないものの、被災地における地域経済において、どれほど重要な産業であったのか。この問いに対し、本節では産業連関表を用いた産業間ネットワーク分析によるアプローチを試みた。

　産業連関表とは1936年に経済学者レオンチェフ博士によって考案された統計表で、主に経済波及効果分析に利用され、アメリカ、EUをはじめ各国で作成されている。日本では、国レベルで経済審議庁（現内閣府）、通商産業省（現経済産業省）などが独自に計算表として作成した1951年表を最初に、その後関係省庁の共同作業として作成された1955年以降、現在では総務省など10府省庁の共同作業として5年毎に作成されている。また、都道府県や政令市でも国のデータを一部参考にしながら独自に作成しており、中核市

でも作成する動きが出てきている。なお、筆者の所属する東京都では、1983年より基礎研究に着手し、第1回東京都産業連関表が作成・公表されたのが、1985年である。近年では訪都観光客による経済波及効果の分析が毎年行われており、産業連関表は都政の観光行政の企画立案における判断材料として有効なツールであるとの認識されている。

産業連関表は一定の地域の中で1年間に生産された財貨・サービスの投入と産出の関係を碁盤のマス目のような表形式（表3-1）で示したもので、

表3-1　産業連関表（取引基本表）

	中間需要	最終重要	生産額
中間投入	（内生部門） ×× ×× ×× ××	（外生部門） ×× ×× ×× ××	×× ××
粗付加価値	（外生部門） ×× ×× ×× ××		
生産額	×× ××		

〈部門構成〉
内生部門　　：各産業が商品を生産するために購入する原材料など財貨・サービスの各産業間における取引関係を示す。
粗付加価値部門：各産業の生産活動によって新たに生み出された価値の総額を表し、雇用者所得、営業余剰などから構成される。
最終需要部門　：最終生産物に対する需要で、家計の消費や企業の設備投資などから構成される。
〈列構成〉
　産業連関表をタテ（列）方向に沿ってみると、ある産業（列部門）が財貨・サービスを生産するのに必要な原材料などを、どの産業（各行部門）からどれだけ購入（中間投入）したか、さらに生産活動をするうえで、賃金（雇用者所得）や利潤（営業余剰）など幾らの粗付加価値をもたらしたかを表している。すなわち、その産業の費用構成を示す。
〈行構成〉
　ヨコ（行）方向に沿ってみると、ある産業（行部門）の生産物がどの産業（各列部門）にどれだけ販売（中間需要）されたか、あるいは、家計や政府、海外に対してどれだけ生産物を販売（移輸出）されたかといった最終需要、すなわち当該産業部門の販路構成を示す。

出所：筆者作成

投入産出表（input-output table, I-O 表）とも呼ばれ、国及び都道府県で通常 5 年周期で作成される表である。経済センサスをはじめ、作物統計、農業センサス、エネルギー消費統計、学校基本調査、鉄道統計年報、地方財政統計年報など各分野の膨大な統計資料、及び産業連関表の作成を目的とした各省庁が実施する産業連関構造調査や都道府県が実施する商品流通調査等を基に作成されることから、国及び地方行政が実施する加工統計の中で最も時間を要する統計表であるといえる。東京都でも筆者が担当として 6 年間にわたって作業を進め、2016 年 10 月に漸く 2011 年表を公表することができた。

　産業連関表は中間投入と中間需要がクロスする部分である内生部門と粗付加価値部門及び最終需要部門の外生部門で構成される。

2　先行研究

　観光産業はそもそもネットワークビジネスであり、行政機関、公共交通機関、ホテル、レストラン、旅行会社などの観光関係主体が互いに関連してネットワークが構築されている。本節では、観光産業をネットワークの視点から考察する。

　ネットワーク研究は 1736 年、スイスの数学者 L. オイラーによるケーニスベルクの橋問題の証明（プレーゲル川に掛かっている 7 つの橋をすべて一度だけ通るような経路が存在するかという問題をグラフ問題に置き換えて証明）以降に数学の対象とされ、グラフ理論と呼ばれるようになった。その後、ランダムネットワーク（十分に大きなネットワークが存在するならば、各ノードはほぼ同数のリンクを持つと考える）の研究を行った P. エルデシュや A. レーニイ、ランダムネットワークのスケールフリー性（ランダムネットワークの度数分布は平均から大きく外れるほど次数は小さくなるという次数分布のべき乗則）を指摘した A. L バラバシなど数学者、物理学者、心理学者等によって発展してきた。

　産業連関表を用いてネットワークを分析する方法に質的産業連関表を利用して行う方法がある。質的産業連関表とは、産業連関表の取引を 1 と 0 の二値変数に置き換えることにより、主要な取引についてグラフ理論を応用して

第 3 章　東日本大震災と観光産業

抽出する方法で、L. チャイカによって紹介された。

　グラフ理論とは点と線からなるグラフを分析し、関係性を分析する手法を指す。例えば、図 3-1 では 5 つの点（ノード）と 5 本の線（リンク）からなるグラフを想定した。ノード「2」はノード「3」「1」「4」とつながっているが、ノード「5」はノード「3」としかつながっていない。このようなノード間のつながりに着目し、ノードとリンクで図式化されたグラフを隣接行列に置き換えて分析する手法がグラフ理論である。本書でもこのグラフ理論を用いて分析を行った。

　日本における先行研究では、小林（2012）の研究がある。同研究では、産業間の直接的・間接的な関係の強弱をネットワーク図において可視化し、ネットワークにおけるハブとして存在する産業部門を分析した。また、田村（2013）の研究では産業連関表の内生部門を基に隣接行列を作成し、ネットワーク中心性指標を用いた構造解析への応用を示唆した。

　本書では小林（2012）や田村（2013）の研究示唆を参考に、産業間ネットワーク分析を行った。分析対象として、東日本大震災より甚大な影響を受けた東北地域における産業部門間取引構造を探るうえで、東北活性化センターが公表する 29 部門の地域間産業連関表を用いた。同表は青森県、岩手県、宮城県、秋田県、山形県、福島県、新潟県の間での産業間取引を示したものであ

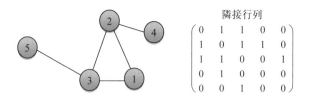

　隣接行列とはあるノード A と B の間のリンクの本数を表記する行列表記の形式を指し、行列（A, B）成分に割り当てるリンクがある場合を 1、リンクが無い場合を 0 とする（無向グラフ）。また、有向グラフの場合、すなわち A から B に向かうリンクがあるときのみ、（A, B）を 1 に、そうでない場合は（A, B）は 0 とする。

図 3-1　5 つのノード（点）、5 本のリンク（線）で構成されるグラフ
出所：筆者作成

第 1 節　産業間ネットワークの考察

表 3-2　東北地域産業連関表（29 部門）

農林水産業	鉱業	飲食料品
繊維製品	製材・木製品・家具	パルプ・紙・板紙・加工紙
化学製品	石油・石炭製品	プラスチック製品
窯業・土石製品	鉄鋼製品	非鉄金属製品
金属製品	一般機械	電気機械
輸送機械	精密機械	その他の製造工業製品
建設	公益事業	商業
金融・保険・不動産	運輸	情報通信
公務・教育・研究	医療・保健・社会保障・介護	対事業所サービス
対個人サービス	その他	

出所：筆者作成

る。なお、29 部門表とは内生部門の行及び列が表 3-2 で示される部門で構成された表である。

3　データの概観

　具体的には、平成 17 年東北地域県間産業連関表 29 部門表を基に、次の点を考慮して分析用のデータセットを作成した（表 3-3 参照）。

○「部門別産出先データ」は各投入部門の産出先が平均値の 10% 未満の金額の場合は 0（産出先対象外部門）と考え、それ以外の場合はウェイトを考慮せずすべて 1 とする。
○「部門別産出先数データ」は解析ノードを制限する場合を考慮して「制御変数」を設けた。ただし、今回は 196 部門であることから全データを利用して解析している。

第3章　東日本大震災と観光産業

表 3-3　ネットワーク分析のデータセット
(平成 17 年東北地域県間産業連関表　29 部門表)

		中間需要							内生部門計	最終需要							域内最終需要	東北域外移出 輸出	東北域外移入 輸入	生産額
		青森	岩手	宮城	秋田	山形	福島	新潟		青森	岩手	宮城	秋田	山形	福島	新潟				
中間投入	青森																			
	岩手																			
	宮城																			
	秋田																			
	山形																			
	福島																			
	新潟																			
	内生部門計																			
粗付加価値部門計																				
生産額																				

点（node）データ

	部門	産出先数	制御変数
1	青森_農業	28	1
2	青森_林業	20	1
3	青森_漁業	23	1
4	青森_鉱業	40	1
5	青森_飲食料品	28	1
6	青森_繊維製品	41	1
7	青森_パルプ・紙・木製品	57	1
8	青森_化学製品	32	1
9	青森_石油・石炭製品	25	1
10	青森_プラスチック・ゴム製品	48	1
・	・	・	・
・	・	・	・
・	・	・	・
192	新潟_商業	34	1
193	新潟_金融・保険・不動産	27	1
194	新潟_運輸	53	1
195	新潟_サービス	38	1
196	新潟_その他	27	1

（点総数 = 196）

辺（rink）データ

	部門	産出先	ウェイト
1	青森_農業	青森_農業	1
2	青森_農業	青森_飲食料品	1
3	青森_農業	青森_その他の製造工業製品	1
4	青森_農業	青森_建設	1
5	青森_農業	青森_公共事業	1
6	青森_農業	青森_その他の土木建設	1
7	青森_農業	青森_サービス	1
8	青森_農業	岩手_農業	1
9	青森_農業	岩手_飲食料品	1
10	青森_農業	岩手_サービス	1
・	・	・	・
・	・	・	・
・	・	・	・
7083	新潟_その他	新潟_公益事業	1
7084	新潟_その他	新潟_商業	1
7085	新潟_その他	新潟_金融・保険・不動産	1
7086	新潟_その他	新潟_運輸	1
7087	新潟_その他	新潟_サービス	1

（延べ産出先数 = 7,087 部門）

出所：筆者作成

4 解析手法及び仮説

　東北地域県間産業連関表 29 部門表の内生部門の取引関係を可視化するため、産業間取引を点（node）と辺（rink）でモデル化し、ネットワーク構造をグラフ化すると連結・非連結を明確に表現することができる。解析の手順は、産業ネットワークの線（リンク）の数（m）、点（ノード）の数（n）を明らかにしたうえで、代表的な次の中心性等を測定するとともに、観光関連のウェイトが高い産業部門がネットワークのハブになっているかどうかを調べる。なお、中心性とは、ある特定のノード（部門）に対し、どれだけリンク（投入部門）が集中しているかを示す指標であり、値が高いほど中心的なノード（部門）にリンクが偏った構造であることを示している。

◆次数中心性：集団内で直接的に他部門とつながりを持っていることを評価する指標。

　　　　　　　グラフにネットワークを構成する部門の数だけノードが存在し、部門間にリンクが張られる。ノードの数はネットワークの規模、リンク数は関係する部門の数を表す。ノードの次数（degree）は、あるノード間を結ぶリンクの数であり、次数中心性（degree centrality）と呼ばれる。

◆近接中心性：集団内において他の部門との距離の近さを評価する指標。近接中心性は他の部門まで平均的にどの程度近いかによって定義される。ある部門から製品を発送するときにネットワーク全体に行きわたりやすいかどうかを図る測度ともいえる。グラフにおける、あるノードのステイタス（status）とはこのノードから他のすべてのノードへの最短距離の合計となる。近接中心性（closeness centrality）は、ネットワーク内の部門間の距離に基づいて決定され、他のノードへの最短距離の合計の逆数として定義される。

◆媒介中心性：集団内において他の部門をつなぐパイプとしての役割を評価する指標。

媒介性（betweenness）はクリークやグループ内にある部門（ノード）間移動での中間地点に位置する程度を意味し、あるグループ内の部門を他のグループ内の部門に引き合わせる能力を表している。したがって、高い媒介中心性を持つ部門はネットワーク上で他の部門に大きい影響を与える存在であるといえる。

◆PageRank：他のノードからのリンク数が多いノードほど、中心性が高く、中心性の高いノードからのリンクは高く評価されるというアルゴリズムで示される指標。

◆次数中心性

n 個のノードからなる有向グラフの隣接行列を $A = (a_{ij})$ とすると、ノード i の次数中心性 $C_d(i)$ は $C_d(i) = \sum_{j=1}^{n} a_{ij}$ また、標準化次数中心性は $C_d^*(i) = \sum_{j=1}^{n} a_{ij} \Big/ (n-1)$ と示される。

◆近接中心性

n 個のノードからなる有向グラフのノード i の他のすべてのノードへの最短距離の合計の逆数として定義され、近接中心性 $C_c(i)$ は $C_c(i) = 1 \Big/ \sum_{j=1}^{n} d_{ij}$ また、標準化近接中心性は $C_c^*(i) = (n-1) \Big/ \sum_{j=1}^{n} d_{ij}$ と示される。なお、d_{ij} はノード i とノード j の距離を指す。

◆媒介中心性

n 個のノードからなる有向グラフのノード i が他のノード j 及び k の間の最短経路上に位置する程度を表す中心性指標として定義され、媒介中心性 $C_b(i)$ は $C_b(i) = \sum_{i \neq j \neq k} \dfrac{b_{jk}(i)}{b_{jk}}$ また、標準化媒介中心性は $C_b^*(i) =$

$\dfrac{C_b(i)}{(n-1)(n-2)}$ と示される。なお、$b_{jk}(i)$ はノード j とノード k の最

短経路の数のうち、経路上にノード i を含む数 $(i \neq j, k)$ を指す。

◆ PageRank

推移確率行列（あるノードからリンクを辿って移動する際、次に他の各ノードに移動する確率の行列表記）を M とし、次式の第一固有ベクトルを PageRank の得点とする。

$$G = dM + (1-d)\left[\dfrac{1}{n}\right]_{n \times n} \quad \left(\begin{array}{l} d = 0.85 \text{ が、経験的に} \\ \text{良いとされている。} \end{array}\right)$$

◆クラスタ係数

前述の4つの中心性以外に、ネットワークの密度を計測する指標としてクラスタ係数がある。クラスタ係数は、あるノードと隣接する k 個のノードからなるネットワークの密度を表す。ノード i のクラスタ係数 C_i は

$C_i = \dfrac{2k_i}{k_i(k_i-1)}$ と定義される。なお、k_i はノード i と隣接するノード

数、すなわちノード i の次数である。また、ノード数が n であるとき、

ネットワーク全体のクラスタ係数 C は $C = \dfrac{\sum_{i-1}^{n} C_i}{n}$ と定義できる。

　本節では「東北地域でも観光関連のウェイトが高い産業部門はネットワークのハブになっている。」との仮説を立て、分析を行った。なお、観光関連のウェイトが高い産業部門は、国土交通省が 2008 年に報告した「旅行・観光産業の経済効果に関する調査研究Ⅷ」の宿泊旅行（国内）及び日帰り旅行（国内）の全体単価データから判断した。産業連関表の部門に対応した組替え集計を行い、各部門でのウェイトをグラフ化すると図 3-2 及び図 3-3 のような結果を得ることができた。そして、これを基にウェイトの高い部門を観光関連のウェイトが高い部門（「運輸」「サービス（対個人、対事業所）」「飲食料品」）と判断した。

第 3 章　東日本大震災と観光産業

消費項目	産業連関表対応部門	日帰り旅行
新幹線	運輸	4,066 円
鉄道（除新幹線）・モノレール・ロープウェイ	運輸	1,289 円
バス	運輸	600 円
タクシー・ハイヤー	運輸	472 円
船舶（フェリークルーズなど）	運輸	279 円
・		
マッサージ	医療・保健・社会保障・介護	209 円
写真撮影代	対個人サービス	97 円
郵便・電話通話料	情報通信	48 円
宅急便	運輸	203 円
その他	対個人サービス	84 円

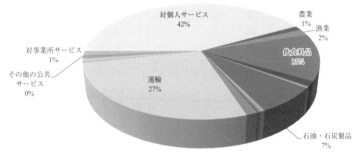

宿泊旅行における観光ウェイトの高い産業
○運輸：鉄道輸送、道路輸送、自家輸送、水運、航空輸送、貨物利用輸送、倉庫、運輸付帯サービス
○対個人サービス：娯楽サービス、飲食店、宿泊業、洗濯・理容・美容・浴場業
○対事業所サービス：広告、物品賃貸サービス、自動車・機械修理、その他の対事業所サービス
○飲食料品：と畜産、畜産食料品、水産食料品、精穀・製粉、めん・パン・菓子類、農産保存食料品、農産保存食料品、砂糖・油脂・調味料類、その他の食料品

図 3-2　宿泊旅行における産業連関表対応部門への組替え集計結果
出所：国土交通省「旅行・観光産業の経済効果に関する調査研究Ⅷ」
データを用いた筆者集計

第1節　産業間ネットワークの考察

消費項目	産業連関表対応部門	日帰り旅行
新幹線	運輸	2,373 円
鉄道（除新幹線）・モノレール・ロープウェイ	運輸	1,006 円
バス	運輸	214 円
タクシー・ハイヤー	運輸	181 円
船舶（フェリー・クルーズなど）	運輸	38 円
･	･	･
マッサージ	医療・保健・社会保障・介護	99 円
写真撮影代	対個人サービス	31 円
郵便・電話通話料	情報通信	4 円
宅急便	運輸	22 円
その他	対個人サービス	65 円

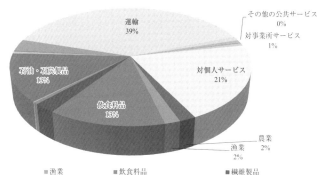

日帰り旅行における観光ウェイトの高い産業
○運輸：鉄道輸送、道路輸送、自家輸送、水運、航空輸送、貨物利用輸送、倉庫、運輸付帯サービス
○対個人サービス：娯楽サービス、飲食店、宿泊業、洗濯・理容・美容・浴場業
○対事業所サービス：広告、物品賃貸サービス、自動車・機械修理、その他の対事業所サービス
○飲食料品：と畜産、畜産食料品、水産食料品、精穀・製粉、めん・パン・菓子類、農産保存食料品、農産保存食料品、砂糖・油脂・調味料類、その他の食料品

図 3-3　日帰り旅行における産業連関表対応部門への組替え集計結果
出所：国土交通省「旅行・観光産業の経済効果に関する調査研究Ⅷ」データを用いた筆者集計

49

第 3 章 東日本大震災と観光産業

5 解析結果

産出部門数（出次数）及び投入部門数（入次数）と PageRank の相関を調べたところ、産出先部門数と PageRank には強い正の相関が認められた（$r=.754$, $p<.001$）。すなわち、財貨・サービスを多くの部門に販売している部門は、産業間ネットワークにおいて、PageRank による評価上も中心的な産業部門と位置づけられる（表 3-4 参照）。

例えば、

・宮城_石油・石炭製品（産出先部門数 = 117）→ PageRank（0.0092）
・福島_公益事業（産出先部門数 = 128）→ PageRank（0.0109）
・新潟_公益事業（産出先部門数 = 112）→ PageRank（0.0095）

であり、PageRank は平均（0.0051）と比べて高いことが明らかにされた。

また、東北地方の産業間全体のネットワーク構造を図示すると図 3-4 のようになる。

しかし、この状態では産業間構造が明らかにされないことから、ネットワーク内部で相対的に密度の高い部分をコミュニティ（サブグループ）として抽出することにした。

なお、サブグループを抽出するため、以下の式で定義される Q 値が最大になるコミュニティを検出した。

$$Q = \frac{1}{2E} \sum_{ij} \left(a_{ij} - \frac{k_i k_j}{2E} \right) \delta(c_i, c_j)$$

$A = (a_{ij})$ は隣接行列、E はリンク数、k_i はノードの次数を示す。

また、$\delta(c_i, c_j)$ は、もしノード i と j が同じコミュニティに属している場合は、1 を返し、そうでなければ 0 を返す関数である。

この結果、7 つのサブグループが抽出された。そして、各サブグループにおいて観光関連のウエイトが高い部門（「運輸」「サービス（対個人、対事業所）」「飲食料品」）の中心性を分析し、グループ構成内における同産業部門の重要度を探った。

第 1 節　産業間ネットワークの考察

表 3-4　相関分析[1]結果

	産出先部門数	投入部門数	PageRank
産出先部門数（出次数）	1.000	0.750	0.754
投入部門数（入次数）	0.750	1.000	0.999
PageRank	0.754	0.999	1.000

出所：筆者解析結果

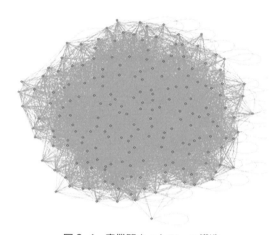

図 3-4　産業間ネットワーク構造
出所：筆者解析結果

---

1) 相関分析：あるデータが別のあるデータにどの程度連動しているかは相関係数（r）で表される。相関係数（r）は $-1 \leqq r \leqq 1$ の範囲で動き、1もしくは-1に近付くほど強い相関、0に近付くほど弱い相関となる。
　本分析では特に「産出先部門数（出次数）」と「PageRank」の相関に注目し、その係数が高いことを示した。

51

第3章 東日本大震災と観光産業

◆サブグループ1

サブグループ1は青森県内の産業を中心にネットワークが構成された（図3-5参照）。また、表3-5で各部門の中心性をみると観光関連産業であるサービス、運輸、飲食料品部門について次の点が明らかとなった。

本サブグループでは、「青森_サービス」が次数中心性53と他産業との直接的なつながりが最も強く、媒介中心性、近接中心性及びPageRankも高い値を示し、ネットワークのハブになっていることが明らかにされた。「青森_運輸」は次数中心性でみると45部門とリンクし、同じく高い中心性を持つことがわかる。「青森_飲食料品」は、次数中心性はそれほど高くないが、媒介中心性が高く、グループ（クリープ）間の要となっており、他県の産業である「山形_漁業」ともつながりが深い点に特徴があった。この他、媒介中心性でみると「青森_プラスチック・ゴム製品」や「青森_漁業」がネットワークのハブとなっていることがわかる。

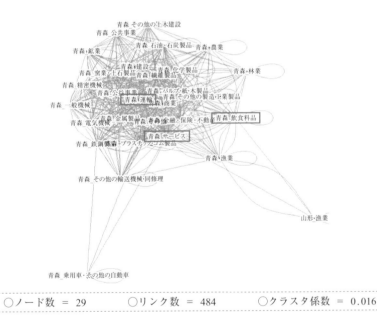

○ノード数 ＝ 29　　○リンク数 ＝ 484　　○クラスタ係数 ＝ 0.016

図3-5　サブグループ1

出所：筆者解析結果

第1節　産業間ネットワークの考察

表 3-5　サブグループ 1 の中心性

	次数中心性	媒介中心性	近接中心性	Page Rank
青森_農業	26	0.6010593	0.02777778	0.0323981
青森_林業	19	0.3124078	0.02439024	0.02891293
青森_漁業	24	6.961259	0.02702703	0.03317617
青森_鉱業	27	0.1038869	0.02702703	0.03094455
青森_飲食料品	28	4.6858584	0.02702703	0.03298106
青森_繊維製品	41	2.1008374	0.03333333	0.03839931
青森_パルプ・紙・木製品	45	3.6001871	0.03333333	0.03839931
青森_化学製品	41	2.0471795	0.03225806	0.03710584
青森_石油・石炭製品	35	1.7055418	0.03125	0.03637022
青森_プラスチック・ゴム製品	41	9.8600673	0.03333333	0.04093713
青森_窯業・土石製品	38	1.2024936	0.03125	0.03593085
青森_鉄鋼製品	32	6.170306	0.03030303	0.03729156
青森_金属製品	44	2.0103977	0.03225806	0.03710584
青森_一般機械	35	0.5247983	0.02857143	0.03308485
青森_電気機械	33	0.7639787	0.02941176	0.03407128
青森_乗用車・その他の自動車	5	0	0.01886792	0.02012406
青森_その他の輸送機械・同修理	21	0.1537347	0.02564103	0.02916284
青森_精密機械	32	0.4589918	0.02857143	0.03267486
青森_その他の製造工業製品	38	1.1077833	0.03030303	0.03512195
青森_建設	45	2.8324101	0.03225806	0.03721891
青森_公共事業	22	0.6567626	0.02941176	0.0325062
青森_その他の土木建設	21	0.5827366	0.02857143	0.03163827
青森_公益事業	44	2.0168754	0.03225806	0.03710584
青森_商業	44	2.8157463	0.03333333	0.03839931
青森_金融・保険・不動産	40	2.2872982	0.03333333	0.03839931
青森_運輸	45	3.1366067	0.03333333	0.03839931
青森_サービス	53	31.2648667	0.03571429	0.04463282
青森_その他	43	3.0359286	0.03333333	0.03765497
山形_漁業	6	0	0.01886792	0.01985233

出所：筆者解析結果

第 3 章　東日本大震災と観光産業

◆サブグループ 2

　サブグループ 2 は秋田県内の産業を中心にネットワークが構成された（図 3-6 参照）。また、表 3-6 で各部門の中心性をみると観光関連産業であるサービス、運輸、飲食料品部門について次の点が明らかとなった。

　本サブグループでは、「秋田_サービス」が次数中心性 53 と他産業との直接的なつながりが最も強く、媒介中心性も高い値を示し、ネットワークのハブになっていることが明らかにされた。「秋田_運輸」は次数中心性でみると 45 部門とリンクし、同じく高い中心性を持つことがわかる。「秋田_飲食料品」は中心性を示す数値はいずれもそれほど高くはなかった。この他、媒介中心性でみると「秋田_その他の製造工業製品」や「秋田_商業」がネットワークのハブとなっていることがわかる。

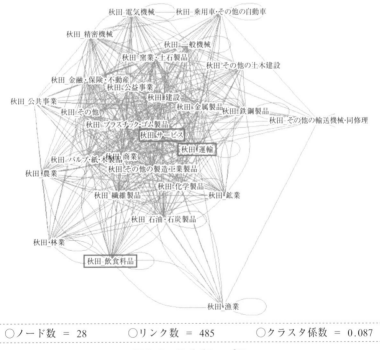

○ノード数 ＝ 28　　○リンク数 ＝ 485　　○クラスタ係数 ＝ 0.087

図 3-6　サブグループ 2

出所：筆者解析結果

第1節　産業間ネットワークの考察

表3-6　サブグループ2の中心性

	次数中心性	媒介中心性	近接中心性	Page Rank
秋田_農業	28	0.4841259	0.02941176	0.03285585
秋田_林業	22	0.1833333	0.02702703	0.03006229
秋田_漁業	14	0.4342675	0.02272727	0.02496225
秋田_鉱業	27	0.3653863	0.02941176	0.03179121
秋田_飲食料品	28	1.4586682	0.02777778	0.030891
秋田_繊維製品	41	3.0594682	0.03571429	0.03932166
秋田_パルプ・紙・木製品	43	1.8435586	0.03333333	0.03656919
秋田_化学製品	41	3.3849881	0.03571429	0.03932166
秋田_石油・石炭製品	32	2.6209827	0.03571429	0.03932166
秋田_プラスチック・ゴム製品	44	4.7329035	0.03703704	0.04094355
秋田_窯業・土石製品	39	2.1888201	0.03448276	0.03826649
秋田_鉄鋼製品	32	1.2721539	0.03125	0.03556712
秋田_金属製品	43	2.5374552	0.03448276	0.03826649
秋田_一般機械	38	1.5841894	0.03225806	0.03633132
秋田_電気機械	30	0.2982432	0.03030303	0.03370859
秋田_乗用車・その他の自動車	22	0.4754314	0.02857143	0.03201408
秋田_その他の輸送機械・同修理	14	0.4401154	0.02380952	0.02671347
秋田_精密機械	32	0.2926014	0.03030303	0.03338895
秋田_その他の製造工業製品	47	5.7481961	0.03571429	0.03932166
秋田_建設	46	3.9696591	0.03571429	0.03942799
秋田_公共事業	22	0.4294681	0.03125	0.03303791
秋田_その他の土木建設	20	0.1721211	0.02941176	0.03098952
秋田_公益事業	44	3.2464481	0.03571429	0.03942799
秋田_商業	46	5.6099912	0.03703704	0.04094355
秋田_金融・保険・不動産	39	1.3908003	0.03448276	0.0378061
秋田_運輸	45	4.8772633	0.03703704	0.04094355
秋田_サービス	50	7.5305351	0.03703704	0.04094355
秋田_その他	41	1.3688252	0.03333333	0.03686135

出所：筆者解析結果

第 3 章　東日本大震災と観光産業

◆サブグループ 3

サブグループ 3 は岩手県内の産業を中心にネットワークが構成された（図3-7 参照）。また、表 3-7 で各部門の中心性をみると観光関連産業であるサービス、運輸、飲食料品部門について次の点が明らかとなった。

本サブグループでは、「岩手_サービス」が次数中心性 53 と他産業との直接的なつながりが最も強く、媒介中心性も高い値を示し、ネットワークのハブになっていることが明らかにされた。「岩手_運輸」は次数中心性でみると 45 部門とリンクし、同じく高い中心性を持つことがわかる。「岩手_飲食料品」は中心性を示す数値はいずれもそれほど高くはなかった。この他、媒介中心性でみると「岩手_その他の製造工業製品」や「岩手_建設」がネットワークのハブとなっていることがわかる。

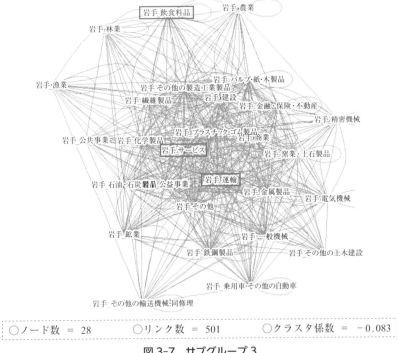

○ノード数 ＝ 28　　　○リンク数 ＝ 501　　　○クラスタ係数 ＝ －0.083

図 3-7　サブグループ 3

出所：筆者解析結果

第1節　産業間ネットワークの考察

表 3-7　サブグループ 3 の中心性

	次数中心性	媒介中心性	近接中心性	Page Rank
岩手_農業	25	0.24485396	0.02857143	0.03124526
岩手_林業	24	0.17916667	0.02702703	0.0296922
岩手_漁業	20	0.27908346	0.02564103	0.02786195
岩手_鉱業	31	0.43966381	0.03030303	0.03344134
岩手_飲食料品	28	0.56833545	0.02777778	0.03023054
岩手_繊維製品	40	1.65646546	0.03571429	0.03849308
岩手_パルプ・紙・木製品	45	2.90439355	0.03571429	0.03849308
岩手_化学製品	43	3.14491137	0.03703704	0.03977062
岩手_石油・石炭製品	39	2.62738289	0.03703704	0.03977062
岩手_プラスチック・ゴム製品	43	2.68856612	0.03703704	0.03977062
岩手_窯業・土石製品	39	0.91667248	0.03333333	0.03625734
岩手_鉄鋼製品	34	0.77243656	0.03225806	0.03555483
岩手_金属製品	43	1.86126332	0.03448276	0.03753489
岩手_一般機械	37	1.02850514	0.03225806	0.03555483
岩手_電気機械	31	0.65085141	0.03125	0.03463789
岩手_乗用車・その他の自動車	24	0.31289083	0.03030303	0.03297015
岩手_その他の輸送機械・同修理	19	0.2205776	0.02564103	0.02855681
岩手_精密機械	30	0.26344086	0.03030303	0.03309906
岩手_その他の製造工業製品	46	4.0251367	0.03571429	0.03849308
岩手_建設	47	3.6183594	0.03571429	0.03849308
岩手_公共事業	22	0.3908446	0.03125	0.03263886
岩手_その他の土木建設	19	0.02631579	0.02857143	0.02958711
岩手_公益事業	45	2.89617583	0.03703704	0.03977062
岩手_商業	45	3.39593208	0.03703704	0.03977062
岩手_金融・保険・不動産	41	2.67572392	0.03703704	0.03977062
岩手_運輸	45	3.58873296	0.03703704	0.03977062
岩手_サービス	54	7.63799133	0.03703704	0.03977062
岩手_その他	43	2.98532644	0.03703704	0.03899969

出所：筆者解析結果

第 3 章　東日本大震災と観光産業

◆サブグループ 4

　サブグループ 4 は福島県内の産業を中心にネットワークが構成された（図 3-8 参照）。また、表 3-8 で各部門の中心性をみると観光関連産業であるサービス、運輸、飲食料品部門について次の点が明らかとなった。

　本サブグループでは、「福島_サービス」が次数中心性 51 と他産業との直接的なつながりが最も強く、媒介中心性も高い値を示し、ネットワークのハブになっていることが明らかにされた。「福島_運輸」は次数中心性でみると 45 部門とリンクし、同じく高い中心性を持つことがわかる。「福島_飲食料品」は中心性を示す数値はいずれもそれほど高くはなかった。この他、媒介中心性でみると「福島_その他の製造工業製品」や「福島_建設」がネットワークのハブとなっていることがわかる。

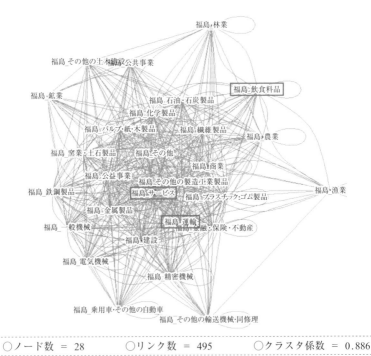

○ノード数 ＝ 28　　○リンク数 ＝ 495　　○クラスタ係数 ＝ 0.886

図 3-8　サブグループ 4

出所：筆者解析結果

第 1 節　産業間ネットワークの考察

表 3-8　サブグループ 4 の中心性

	次数中心性	媒介中心性	近接中心性	Page Rank
福島_農業	29	0.5716528	0.02941176	0.03273949
福島_林業	21	0.3603604	0.02631579	0.03008017
福島_漁業	16	0.2307534	0.02380952	0.02599518
福島_鉱業	21	0.3148658	0.02777778	0.03009188
福島_飲食料品	29	1.2056407	0.02777778	0.03064709
福島_繊維製品	42	2.7400181	0.03571429	0.03913598
福島_パルプ・紙・木製品	45	2.8072396	0.03448276	0.03775498
福島_化学製品	43	3.2753248	0.03571429	0.03913598
福島_石油・石炭製品	36	3.2587802	0.03703704	0.04039316
福島_プラスチック・ゴム製品	44	3.3443191	0.03571429	0.03917515
福島_窯業・土石製品	40	1.6209471	0.03448276	0.03779463
福島_鉄鋼製品	34	0.6449876	0.03125	0.03471875
福島_金属製品	44	2.2140669	0.03448276	0.03779463
福島_一般機械	37	1.0678957	0.03225806	0.03593675
福島_電気機械	31	0.2867725	0.03030303	0.03346156
福島_乗用車・その他の自動車	23	0.1673284	0.02941176	0.03210387
福島_その他の輸送機械・同修理	20	0.4161999	0.02631579	0.02958078
福島_精密機械	34	0.6115899	0.03125	0.03434061
福島_その他の製造工業製品	47	4.9709613	0.03571429	0.03913598
福島_建設	43	1.8436444	0.03333333	0.0364569
福島_公共事業	22	0.5628899	0.03125	0.03305538
福島_その他の土木建設	20	0.4508529	0.02941176	0.0314762
福島_公益事業	42	1.9197786	0.03448276	0.03779463
福島_商業	46	4.3295625	0.03703704	0.04039316
福島_金融・保険・不動産	41	3.3041217	0.03703704	0.04039316
福島_運輸	45	4.2124434	0.03703704	0.04039316
福島_サービス	51	7.1227224	0.03703704	0.04039316
福島_その他	44	4.1442801	0.03703704	0.03962762
平均	35.357	2.071	0.033	0.036

出所：筆者解析結果

第3章　東日本大震災と観光産業

◆サブグループ5

　サブグループ5は新潟県内の産業を中心にネットワークが構成された（図3-9参照）。また、表3-9で各部門の中心性をみると観光関連産業であるサービス、運輸、飲食料品部門について次の点が明らかとなった。

　本サブグループでは、「新潟_サービス」が次数中心性51と他産業との直接的なつながりが最も強く、媒介中心性も高い値を示し、ネットワークのハブになっていることが明らかにされた。「新潟_運輸」は次数中心性、媒介中心性でみると比較的高い中心性を持つことがわかる。「新潟_飲食料品」は中心性を示す数値はいずれもそれほど高くはなかった。この他、媒介中心性でみると「新潟_その他の製造工業製品」や「新潟_商業」がネットワークのハブとなっていることがわかる。

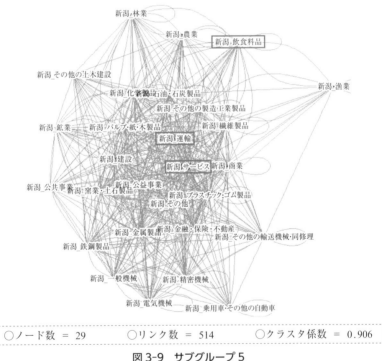

○ノード数 ＝ 29　　○リンク数 ＝ 514　　○クラスタ係数 ＝ 0.906

図3-9　サブグループ5

出所：筆者解析結果

第1節　産業間ネットワークの考察

表3-9　サブグループ5の中心性

	次数中心性	媒介中心性	近接中心性	Page Rank
新潟_農業	31	0.40710687	0.02941176	0.03222446
新潟_林業	27	0.3272619	0.02857143	0.03160922
新潟_漁業	14	0.07692308	0.02272727	0.02450207
新潟_鉱業	30	0.19090487	0.02941176	0.03225746
新潟_飲食料品	29	1.37752477	0.02777778	0.03035609
新潟_繊維製品	44	3.31247158	0.03703704	0.03963479
新潟_パルプ・紙・木製品	46	2.13758666	0.03448276	0.03693964
新潟_化学製品	43	2.05075474	0.03571429	0.03814716
新潟_石油・石炭製品	41	2.9379132	0.03703704	0.03963479
新潟_プラスチック・ゴム製品	46	3.61713488	0.03703704	0.03963479
新潟_窯業・土石製品	42	1.65572174	0.03571429	0.03814716
新潟_鉄鋼製品	34	0.60536288	0.03225806	0.03537874
新潟_金属製品	45	1.54146539	0.03448276	0.03715206
新潟_一般機械	36	0.55999251	0.03225806	0.03537874
新潟_電気機械	31	0.34711892	0.03125	0.03446478
新潟_乗用車・その他の自動車	22	0	0.02857143	0.03125363
新潟_その他の輸送機械・同修理	25	0.75897374	0.03030303	0.03342384
新潟_精密機械	35	0.3758819	0.03125	0.03407102
新潟_その他の製造工業製品	47	5.56035515	0.03703704	0.03963479
新潟_建設	47	2.68504002	0.03571429	0.03814716
新潟_公共事業	22	0.32463656	0.03125	0.03238492
新潟_その他の土木建設	21	0.26838656	0.03030303	0.03155748
新潟_公益事業	45	1.70471368	0.03571429	0.03814716
新潟_商業	46	3.81201152	0.03703704	0.03963479
新潟_金融・保険・不動産	41	1.39607396	0.03571429	0.03814716
新潟_運輸	44	3.18770399	0.03703704	0.03963479
新潟_サービス	51	5.50184071	0.03703704	0.03963479
新潟_その他	43	3.2791382	0.03703704	0.0388665
平均	36.714	1.786	0.033	0.036

出所：筆者解析結果

第3章　東日本大震災と観光産業

◆サブグループ6

サブグループ6は宮城県内の産業を中心にネットワークが構成された（図3-10参照）。また、表3-10で各部門の中心性をみると観光関連産業であるサービス、運輸、飲食料品部門について次の点が明らかにされた。

本サブグループでは、「宮城_サービス」が次数中心性52と他産業との直接的なつながりが最も強く、媒介中心性も高い値を示し、ネットワークのハブとなっている。「宮城_運輸」は次数中心性、媒介中心性でみると比較的高い中心性を持つことがわかる。「宮城_飲食料品」は中心性を示す数値はいずれもそれほど高くはなかった。この他、媒介中心性でみると「宮城_商業」や「宮城_建設」がネットワークのハブとなっている。また、クラスタ係数が1.32と他のサブグループと比して産業部門間の密度が高いことがわかる。

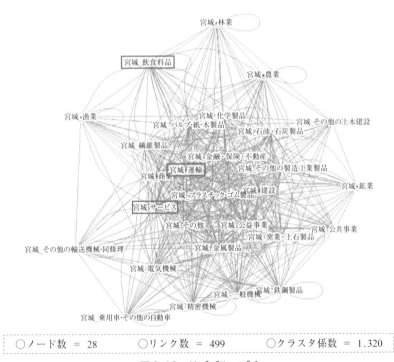

○ノード数 ＝ 28　　○リンク数 ＝ 499　　○クラスタ係数 ＝ 1.320

図3-10　サブグループ6

出所：筆者解析結果

第1節　産業間ネットワークの考察

表 3-10　サブグループ 6 の中心性

	次数中心性	媒介中心性	近接中心性	Page Rank
宮城_農業	28	0.54119421	0.02941176	0.0324823
宮城_林業	20	0.29463674	0.02702703	0.03052526
宮城_漁業	22	0.4414	0.02777778	0.03054133
宮城_鉱業	22	0.04761905	0.02777778	0.02931737
宮城_飲食料品	26	0.32099072	0.02777778	0.03022335
宮城_繊維製品	40	2.46238668	0.03703704	0.0398422
宮城_パルプ・紙・木製品	44	3.1136159	0.03571429	0.03861768
宮城_化学製品	41	2.66996986	0.03571429	0.03895531
宮城_石油・石炭製品	40	2.1067922	0.03448276	0.03777005
宮城_プラスチック・ゴム製品	45	2.77505783	0.03571429	0.03870949
宮城_窯業・土石製品	40	1.65990383	0.03448276	0.03736487
宮城_鉄鋼製品	33	0.81516018	0.03225806	0.03539073
宮城_金属製品	45	2.69044897	0.03571429	0.03854488
宮城_一般機械	37	0.93950924	0.03225806	0.03539073
宮城_電気機械	33	1.07833929	0.03225806	0.03543802
宮城_乗用車・その他の自動車	21	0.10324644	0.02777778	0.03025288
宮城_その他の輸送機械・同修理	22	0.26397722	0.02777778	0.03067718
宮城_精密機械	31	0.55458904	0.02941176	0.03234569
宮城_その他の製造工業製品	45	2.37366978	0.03448276	0.03743243
宮城_建設	47	3.61480344	0.03571429	0.03865695
宮城_公共事業	22	0.62317814	0.03125	0.0327123
宮城_その他の土木建設	21	0.49087092	0.03030303	0.0318254
宮城_公益事業	45	2.73043937	0.03571429	0.03854488
宮城_商業	46	3.7618277	0.03703704	0.0398422
宮城_金融・保険・不動産	42	2.79870657	0.03703704	0.0398422
宮城_運輸	45	3.51125577	0.03703704	0.0398422
宮城_サービス	52	6.17893584	0.03703704	0.0398422
宮城_その他	43	3.03747508	0.03703704	0.03906989
平均	35.643	1.857	0.033	0.036

出所：筆者解析結果

第 3 章　東日本大震災と観光産業

◆サブグループ 7

サブグループ 7 は宮城県内の産業を中心にネットワークが構成された（図 3-11 参照）。また、表 3-11 で各部門の中心性をみると観光関連産業であるサービス、運輸、飲食料品部門について次の点が明らかにされた。

本サブグループでは、「山形_サービス」が次数中心性 48 と他産業との直接的なつながりが最も強く、媒介中心性も高い値を示し、ネットワークのハブとなっている。「山形_運輸」は次数中心性、媒介中心性でみると比較的高い中心性を持つことがわかる。「山形_飲食料品」は中心性を示す数値はいずれもそれほど高くはなかった。この他、媒介中心性でみると「山形_建設」や「山形_商業」がネットワークのハブとなっていることがわかる。

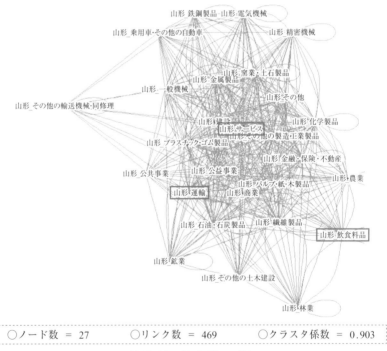

○ノード数 = 27　　○リンク数 = 469　　○クラスタ係数 = 0.903

図 3-11　サブグループ 7

出所：筆者解析結果

第1節　産業間ネットワークの考察

表3-11　サブグループ7の中心性

	次数中心性	媒介中心性	近接中心性	Page Rank
山形_農業	29	0.41321669	0.03125	0.03400369
山形_林業	21	0.20761905	0.02857143	0.03143045
山形_鉱業	25	0.04761905	0.02941176	0.03182985
山形_飲食料品	27	0.125	0.02857143	0.03035569
山形_繊維製品	42	1.45492068	0.03571429	0.03830232
山形_パルプ・紙・木製品	42	1.93038908	0.03703704	0.0394565
山形_化学製品	40	1.62926833	0.03571429	0.03830232
山形_石油・石炭製品	37	2.98921029	0.03846154	0.04120029
山形_プラスチック・ゴム製品	42	2.94904892	0.03846154	0.04120029
山形_窯業・土石製品	41	1.19237935	0.03571429	0.03818432
山形_鉄鋼製品	26	0.93883319	0.03125	0.0353045
山形_金属製品	41	2.32567146	0.03703704	0.03992811
山形_一般機械	35	1.56482609	0.03448276	0.0379758
山形_電気機械	29	0.27635173	0.03225806	0.0351498
山形_乗用車・その他の自動車	23	0.56532006	0.03125	0.03419943
山形_その他の輸送機械・同修理	13	0	0.02439024	0.02666967
山形_精密機械	31	0.32882512	0.03225806	0.03478691
山形_その他の製造工業製品	45	2.94712156	0.03703704	0.0394565
山形_建設	47	4.4430063	0.03846154	0.04120029
山形_公共事業	22	0.59098854	0.03333333	0.03454281
山形_その他の土木建設	21	0.514284	0.03225806	0.03358897
山形_公益事業	44	3.28558675	0.03846154	0.04120029
山形_商業	44	3.66396789	0.03846154	0.04120029
山形_金融・保険・不動産	40	1.4625786	0.03703704	0.0394565
山形_運輸	41	2.76349116	0.03846154	0.04120029
山形_サービス	48	5.09713378	0.03846154	0.04120029
山形_その他	42	2.29334234	0.03703704	0.03867382
平均	34.741	1.704	0.034	0.037

出所：筆者解析結果

6 結果の考察

コミュニティ抽出の結果、7つのサブグループが県単位で分けられた。産業間取引が思いのほか県内取引を中心としていたことが明らかにされた。しかし、その一方で、「山形_漁業」が「青森_漁業」及び「青森_飲食料品」と結びついていたのが印象的であった。

また、「運輸」や「サービス」部門といった観光関連部門がネットワークのハブになっていることが明らかとなり仮説を証明することができた。今回は、29部門連関表で解析したが、より詳細な産業部門間で解析するとさらに興味深い結果を得ることができるかもしれない。

では、こうしたネットワークのハブになる観光関連部門を含め、多くの産業で震災による甚大な被害を被った石巻市では、具体的にどれ程の影響が生じたのであろうか。次節では石巻市の観光資源を概観し、第3節でその被害額を推計した。

第2節　石巻市の観光資源

石巻市の「石巻」とは、367年（仁徳55年）に上毛野田道が大和朝廷の命を受け、蝦夷と戦い、伊寺水門で敗死したとされており、この伊寺水門が石巻の古名といわれている[2]。現在の石巻市は、2005年4月1日に1市6町（石巻市、河北町、河南町、雄勝町、桃生町、北上町、牡鹿町）が合併して形成されたもので、市の面積は555 km^{2}と県内では仙台市に次いで4番目に位置する。

北部には大河の北上川が流れ、西部は肥沃な耕地であり、東部はリアス式海岸の南三陸金華山国定公園の区域と、自然豊かな地が広がっている。また、石巻市の観光資源は自然ばかりではなく、伊達正宗の命を受けた支倉常長一行が石巻市の月浦から船出してイスパニア（現在のスペイン）に向かった

---

2) 千葉賢一（1996）『年表による石巻の歴史』, ヤマト屋書店

第2節　石巻市の観光資源

話は有名で、歴史文化的な地としても多くの観光客を魅了してきた。

　このように石巻市は自然や歴史文化的な遺産を観光資源に持っていることがわかったが、それでは実際に、石巻市を訪れる観光客は何処を訪れるのだろうか。石巻市が公表している表 3-12 の観光客数データや各種観光パンフレットから観光客が石巻市の訪問に際し、次の場所を訪れていることがわかる。

表 3-12　石巻市を訪れる観光客数

	平成 22 年	平成 23 年		平成 24 年	
	観光客数	観光客数	対 22 年比	観光客数	対 22 年比
A　道の駅　上品の郷	930,497	1,144,096	123.0%	1,043,773	112.2%
B　石巻 川開き祭り	347,000	105,000	30.3%	141,000	40.6%
C　サン・ファン・バウティスタパーク	186,010	10,520	5.7%	20,606	11.1%
D　石ノ森萬画館	184,694	19,004	10.3%	31,321	17.0%
E　日和山	150,785	126,499	83.9%	174,749	115.9%
F　石巻市観光物産情報センター	138,288	132,528	95.8%	257,558	186.2%
G　金華山	56,929	380	0.7%	2,435	4.3%
H　北上川周辺	34,448	3,500	10.2%	—	—
I　その他	583,708	135,386	23.3%	229,411	39.3%
総計	2,612,359	1,677,198	64.2%	1,900,853	72.8%

出所：石巻市公表データを基に筆者作成

A　道の駅　上品の郷（じょうぼん　さと）
　　石巻市河北地区の象徴である上品山（じょうぼんさん）から名付けられた道の駅。震災時は食料支援や温泉施設の開放、ボランティアの休憩地として復旧活動を支えた。
B　石巻 川開き祭り（7 月下旬から 8 月上旬に開催）
　　17 世紀初め、旧北上川改修工事に尽力し、石巻市繁栄の租と呼ばれた川村孫兵衛重吉[3]への報恩感謝の意として始まった祭り。第 1 回は 1916 年に開催され、100 周年に

――――――――――――――
3) 川村孫兵衛重吉は 1575 年、長州阿武（山口県萩市）に生まれ、若い頃は毛利氏に仕える。1600 年の関ヶ原の戦いののち、伊達正宗と出会いその家臣になったといわれている。孫兵衛が正宗公より与えられた任務に北上川中下流域の改修工事がある。この改修工事によって、北上川の水流が安定したと同時に、約 40 万石（6 万トン）もの新たな水田が築き上げられたという。

67

第 3 章　東日本大震災と観光産業

当たる 2016 年で第 93 回目となる伝統的行事となっている。
C　サン・ファン・バウティスタパーク
　　1613 年に伊達正宗の命を受けた支倉常長の慶長施設一行は木造式帆船サン・ファン・バウティスタに乗り日本で初めて太平洋を往復した。同パークは支倉常長等が見たイタリアの広場をイメージして造られており、復元船が置かれている。
D　石ノ森萬画館
　　「仮面ライダー」や「サイボーグ 009」で有名な漫画家　石ノ森章太郎の作品を中心とした漫画ミュージアム。貴重な原画の展示や映像シアター、体験アトラクションなどで楽しめ、オリジナルグッズも豊富に取り揃えている。
E　日和山
　　石巻市中心部のなだらかな丘陵地。眺めがよく、旧北上川、石巻港や街並みなどが見渡せる景勝地である。江戸時代から桜の名所として知られた公園が在り、初夏のツツジも有名である。園内には 1689 年（元禄 2）に訪れた松尾芭蕉と曽良の像が置かれ

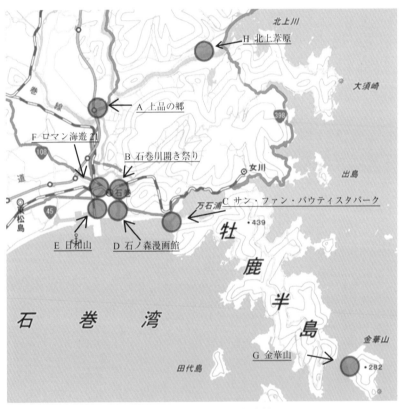

図 3-12　石巻市の主な観光地
出所：国土地理院地図を基に筆者作成

ている。なお、松尾芭蕉は『奥の細道』で石巻の賑わいぶりを「数百の廻船入江に集い、竈の煙たちつづけたり」と書き記している。

F　ロマン海遊 21
　　JR 石巻駅前に立つ石巻観光物産情報センター。物産販売フロアでは、地酒や水産加工品などの土産物のほかにも、石巻市に関連する書籍を取り揃えている。

G　金華山
　　牡鹿半島から 1 km 先に浮かぶ周囲 26 km の信仰の島。万葉集にも読まれ、東奥の三大霊場として多くの参拝者が訪れている。千畳敷や千人沢など奇石が点在し、野生の猿や「神の使い」として保護されてきた鹿が棲む原生林などの見所が各所に点在する。

H　北上葦原
　　北上川（追波川）の河口から上流約 10 km にかけて広がる葦の大群落は、秋から冬にかけて金色に輝き観る者を圧倒する。風に吹かれたヨシが擦れ合う音は「日本の音風景 100 選」にも選ばれた。冬の風物詩になっている葦刈りも訪れる観光客を魅了している。

第 3 節　観光被害額推計

　東日本大震災で石巻市は震度 6 強の地震に見舞われ、多大な被害を被った。石巻市の公表資料「石巻市の復興状況について」によると、津波の高さは鮎川で 8.6 m、浸水面積は市の 13.2%（平野部の約 30%）にあたる 73 km²に及び、中心市街地は全域が浸水した。また、地盤沈下も生じ、鮎川ではマイナス 120 cm、渡波明神（旧石巻市）ではマイナス 78 cm を記録したという。

　では、石巻市の産業面での被害はどうだったのか。震災以前の石巻市の産業構造について特化係数[4]を用いて分析をしたところ、日本製紙などの拠点工場を有する「パルプ等」部門が 6.10、三陸最大の水揚げを誇った石巻漁港等を有する「農業・林業・漁業」部門が 1.84 と特化度が高いほか、「飲食料品」部門で特化度が大きい（2.17）ことがわかった（図 3-13 参照）。

4）特化係数とは、市町村等の産業構造の特徴などを表す際に用いられる指標であり、産業部門別生産額の特化係数は「当該市町村の A 産業の生産額構成比」を「県全体の A 産業生産額構成比」で除して算出する。特化係数が 1 を上回る場合は、当該市町村の A 産業のウェイトが県全体のウェイトより高く、A 産業への偏りが大きいことを示し、逆に 1 を下回る場合は、A 産業への偏りが小さいことを示す。

第 3 章　東日本大震災と観光産業

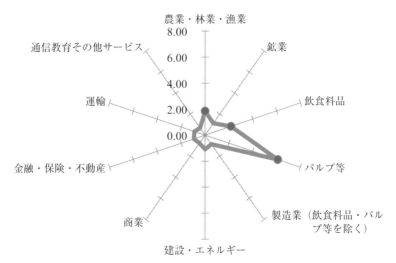

図 3-13　産業特化係数
出所：七十七銀行作成「石巻産業連関表（平成 17 年表）」データを利用した筆者分析結果

　震災の産業被害状況をみると、石巻市の重要産業部門の 1 つである「パルプ等」部門では、日本製紙の工場が被災により完全に停止。半年後に復旧を果たすも製造拠点の他県分散化が進行しつつある。「農業・林業・漁業」部門では、市内全漁港（県管理 10 港、市管理 34 港の計 44 港）が被災し、漁船は被災前の 3,230 隻のうち 85.5％にあたる 2,762 隻が損失。水産物地方卸売市場は石巻売場、牡鹿売場ともに全施設が崩壊してしまい、震災前の 2010 年に 128,951 t の水揚げを誇っていたが、2011 年に 28,075 t と大きく減少してしまう。しかし、その後は 2012 年に 54,223 t、2013 年には 86,288 t と回復しつつある。農林業では、石巻市の水田面積（8,850 ha）の約 20％にあたる 1,771 ha が津波により冠水し、水田の除塩対策を強いられるという被害を受けたが、農業産出額では震災前後でそれ程の変動はなかった。製造業では、2,599 社中 1,749 社が浸水被害（浸水率 67.3％）に合い、製造品出荷に大きな痛手を受け、港湾施設では、石巻港で防波堤、岸壁、荷捌地などの港湾施設 48 箇所が被災し、直接的被害額は 162 億 600 万円にのぼった。

第3節 観光被害額推計

　また、水産加工団地内の加工場や冷蔵庫が大津波に押し流され、壊滅的な被害を受けた。飲食料品部門を中心とする観光関連産業で被害が拡大したことから、復興までの道のりは未だ遠いといわざるを得ない（表3-13参照）。

　震災前後の被災3県の観光者数を阪神・淡路大震災と比較すると、観光者数推移からも道のりの険しさを確認することができる。阪神・淡路大震災では、兵庫県、神戸市の観光入込客数は震災年に大きく落ち込んだものの、2・3年後には神戸ルミナリエなどの効果もあり、震災前の水準を超えてV字回復を果たしている。しかし、東日本大震災後の岩手・宮城・福島では、未だ震災以前の水準まで届いていない（図3-14参照）。

　では、東日本大震災で受けた石巻市の観光被害額はどの程度であったのだろうか。本節では産業連関表を用いて被害額を推計した。なお、推計に際しては表3-14のように平成17年石巻市産業連関表（七十七銀行作成）をベースに部門統合を行い、36部門表を作成した。

表3-13　石巻市の主な観光地の復旧状況

サン・ファン・バウティスタパーク	震災により、展示物の流出し、流れ着いたがれきが室内に散乱するなどの被害を被り、一時休館を余儀なくされた。休館中は近隣の門脇小学校などから被災資料が運び込まれ、資料の洗浄及び一時保管の場として提供され、パークの一部もボランティアの生活スペースとして使用された。そして、震災から2年半後の2013年11月に営業が再開された。
石ノ森萬画館	震災でがれきやヘドロに埋まり建物は半壊し、休館に追い込まれる。その後、2011年4月から2013年3月にかけて石ノ森萬画館復興義援金を募ったところ、約6,800万円もの支援金が集まり、2012年11月に営業再開を果たした。
金華山	震災で鮎川浜と金華山を結ぶ定期航路が運休。また、金華山休憩所が全壊。定期航路は2013年5月より一部復旧（日曜日のみ運行）した。
北上葦原	北上川でも津波が川を上り、大量のがれきや土砂が葦原を覆い、およそ7割が水没してしまう。同時に、葦原を保守してきた人も津波に飲み込まれ、今後葦原の保守の継続性が危ぶまれている。震災後、多くのボランティアが訪れがれき清掃活動をするも、失われた葦原の回復にはまだ道のりは遠い状況にある。

出所：新聞各紙の石巻関連記事を基に筆者作成

第 3 章　東日本大震災と観光産業

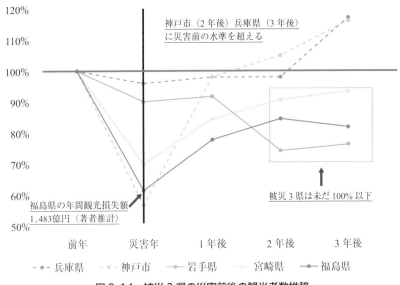

図 3-14　被災 3 県の災害前後の観光者数推移
出所：各自治体公表データを基に筆者作成

　産業連関分析による経済波及効果の推計は通常、観光客増による飲食料費や運輸費、宿泊費などの最終需要増（直接効果[5]）の設定から始め、最終需要増に応じた新たに生産活動を第一次間接効果[6]として捉える。また、その生産活動が新たな雇用者所得を生み、それが再び消費に回ることから第二次間接効果[7]を生み出す。これらを総計することで観光客増の経済波及効果を推計するが、本書では観光客数の減少による消費減を基にその被害額を推計することとした（図 3-15 参照）。

---

5) 直接効果とは経済波及効果の基になる効果のことで、本書では減少した観光消費によって生じた域内産業の減産高を指す。
6) 本書における第一次間接効果とは直接効果によって生産が減少した産業で不要となる原材料に対応するために、新たに発生する生産減誘発を指す。
7) 本書における第二次間接効果とは直接効果と第一次間接効果で減少した雇用者所得のうち消費が減少し、各産業の商品等の消費減による新たに発生する生産減誘発のことを指す。

第3節　観光被害額推計

表 3-14　部門統合

	統合前	統合後
1	食料品部門	食料品部門
	飲料・たばこ・飼料部門	
2	製材・木製品部門	パルプ・紙・木製品部門
	家具・装備品部門	
	パルプ・紙・紙加工品部門	
3	印刷・製版・製本部門	その他の製造工業製品部門
	プラスチック製品部門	
	その他の製造工業製品部門	
4	卸売部門	商業部門
	小売部門	
5	不動産仲介・賃貸・住宅賃貸料部門	不動産部門
	住宅賃貸料（帰属家賃）部門	
6	運輸部門	運輸部門
	倉庫部門	
	運輸付帯サービス部門	
7	通信部門	情報通信部門
	放送部門	
8	教育部門	教育・研究部門
	研究部門	
9	医療・保健部門	医療・保健・社会保障・介護部門
	社会保障・介護部門	
10	広告・調査・情報サービス部門	対個人サービス部門
	物品賃貸サービス門	
	旅館・その他の宿泊所部門	
	その他の対個人サービス部門	
11	娯楽サービス部門	対事業所サービス部門
	飲食店部門	
	自動車・機械修理部門	
	その他の対事業所サービス部門	

出所：筆者作成

第 3 章　東日本大震災と観光産業

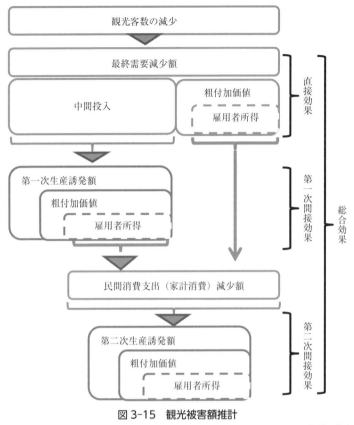

図 3-15　観光被害額推計

出所：筆者作成

　観光被害額推計は最終需要減少額の推計から始まる。最終需要減少額の推計では、まず 2011 年の石巻市における対前年観光客減少数（935,161 人）並びに「平成 23 年宮城県観光統計概要」の日帰り率及び県外観光客比率を基に減少数を測定する（表 3-15 参照）。

　前述での想定で求めた観光客減少数に宮城県観光統計概要から一人当たり平均消費支出額（表 3-16 参照）を掛け合わせ、最終需要（観光消費）減少額を求める（表 3-17 参照）。

　表 3-17 で求めた各最終需要（観光消費）減少額を国土交通省調べの「旅行・

第3節　観光被害額推計

表 3-15　観光客減少数

		宿泊客	日帰り客	総数
県内観光客減少数	県内観光客	38,760 人 ＝観光客減少数×宿泊県内観光客比率 ＝ 935,161 × 4%	585,829 人 ＝観光客減少数×日帰り県内観光客比率 ＝ 935,161 人 × 63%	624,589 人
県外観光客減少数	県外観光客	119,060 人 ＝観光客減少数×宿泊県外客観光客比率 ＝ 935,161 × 13%	191,512 人 ＝観光客減少数×日帰り県外客観光客比 ＝ 935,161 × 20%	310,572 人
総数		157,820 人	777,341 人	935,161 人

出所：石巻市公表資料及び平成 23 年宮城県観光統計概要を基に筆者推計

表 3-16　一人当たりの平均県内消費支出額

	宿泊旅行者	日帰り旅行者
県内客	27,600 円	5,300 円
県外客	40,600 円	10,900 円

出所：平成 23 年宮城県観光統計概要

表 3-17　最終需要（観光消費）減少額

	宿泊旅行者	日帰り旅行者	総額
県内客	1,069,766 千円	3,104,895 千円	4,174,661 千円
県外客	4,833,841 千円	2,087,481 千円	6,921,322 千円
総額	5,903,607 千円	5,192,376 千円	11,095,983 千円

出所：表 3-15 及び表 3-16 データを基に筆者推計

観光産業の経済効果に関する研究Ⅷ」の支出割合で案分処理を行い、宿泊客及び日帰り客の観光消費額を算出すると表 3-18 のようになる。

産業部門別最終需要減少額（購入者価格ベース）から直接効果額を出すには商業及び運輸マージン分を取り除き、市内自給率を掛け合わせる必要がある。マージン率は総務省公表の全国値を利用し、市内自給率は取引表から算出した。その結果を表 3-19 に示す。

第 3 章　東日本大震災と観光産業

表 3-18　産業部門別最終需要減少額

（単位：百万円）

	宿泊客		日帰り客	
	県内客	県外客	県内客	県外客
農業	13	59	59	39
林業	0	0	0	0
漁業	19	85	55	37
鉱業	0	0	0	0
飲食料品	139	630	412	277
繊維製品	15	67	79	53
パルプ・紙・木製品	2	10	17	11
化学製品	3	14	4	3
石油・石炭製品	79	356	406	273
窯業・土石製品	5	24	16	11
鉄鋼	0	0	0	0
非鉄金属	0	0	0	0
金属製品	0	0	0	0
一般機械	0	0	0	0
電気機械	4	17	6	4
情報・通信機器	0	0	0	0
電子部品	0	0	0	0
輸送機械	0	0	0	0
精密機械	1	6	2	1
その他の製造工業製品	14	64	101	68
建設	0	0	0	0
電力・ガス・熱供給	0	0	0	0
水道・廃棄物処理	0	0	0	0
商業	0	0	0	0
金融・保健	0	0	0	0
不動産	0	0	0	0
運輸	289	1,308	1,224	823
情報通信	2	7	1	1
公務	0	0	0	0
教育・研究	9	42	30	20
医療・保健・社会保障・介護	7	30	24	16
その他の公共サービス	3	12	6	4
対事業所サービス	14	63	22	15
対個人サービス	451	2,040	641	431
事務用品	0	0	0	0
分類不明	0	0	0	0
合計	1,070	4,834	3,105	2,087

出所：筆者推計

第3節　観光被害額推計

表 3-19　直接効果額

（単位：百万円）

	購入者 価格	商業 マージン	運輸 マージン	生産者 価格	市内 自給率	直接 効果額
農業	170	38	7	125	65%	82
林業	0	0	0	0	13%	0
漁業	196	61	7	128	21%	27
鉱業	0	0	0	0	4%	0
飲食料品	1,459	325	93	1,041	18%	184
繊維製品	215	42	6	167	3%	4
パルプ・紙・木製品	41	10	1	30	4%	1
化学製品	24	5	1	18	100%	18
石油・石炭製品	1,113	88	33	992	100%	992
窯業・土石製品	57	6	2	49	17%	8
鉄鋼	0	0	0	0	2%	0
非鉄金属	0	0	0	0	100%	0
金属製品	0	0	0	0	100%	0
一般機械	0	0	0	0	12%	0
電気機械	30	3	0	27	5%	1
情報・通信機器	0	0	0	0	100%	0
電子部品	0	0	0	0	100%	0
輸送機械	0	0	0	0	1%	0
精密機械	10	3	0	7	100%	7
その他の製造工業製品	247	55	9	183	10%	18
建設	0	0	0	0	100%	0
電力・ガス・熱供給	0	0	0	0	100%	0
水道・廃棄物処理	0	0	0	0	100%	0
商業	0	0	0	635	32%	205
金融・保健	0	0	0	0	88%	0
不動産	0	0	0	0	100%	0
運輸	3,644	0	0	3,802	53%	2,018
情報通信	10	1	0	9	40%	4
公務	0	0	0	0	100%	0
教育・研究	101	0	0	101	71%	72
医療・保健・社会保障・介護	78	0	0	78	95%	74
その他の公共サービス	26	0	0	26	100%	26
対事業所サービス	114	0	0	113	59%	66
対個人サービス	3,563	0	0	3,562	64%	2,286
事務用品	0	0	0	0	100%	0
分類不明	0	0	0	0	75%	0
合計	11,096	635	158	11,096		6,096

出所：筆者推計

第3章　東日本大震災と観光産業

表 3-20　第一次間接効果

(単位：百万円)

	第一次間接効果		
	生産誘発額	粗付加価値誘発額	雇用者所得誘発額
農業	29	14	3
林業	0	0	0
漁業	3	1	1
鉱業	1	0	0
飲食料品	10	4	1
繊維製品	0	0	0
パルプ・紙・木製品	0	0	0
化学製品	0	0	0
石油・石炭製品	0	0	0
窯業・土石製品	1	0	0
鉄鋼	0	0	0
非鉄金属	0	0	0
金属製品	0	0	0
一般機械	2	1	0
電気機械	0	0	0
情報・通信機器	0	0	0
電子部品	0	0	0
輸送機械	0	0	0
精密機械	0	0	0
その他の製造工業製品	7	2	1
建設	35	16	12
電力・ガス・熱供給	122	60	14
水道・廃棄物処理	33	24	16
商業	37	25	16
金融・保健	162	100	45
不動産	73	63	2
運輸	97	48	30
情報通信	11	7	2
公務	4	3	2
教育・研究	7	6	5
医療・保健・社会保障・介護	1	1	1
その他の公共サービス	12	8	7
対事業所サービス	211	116	66
対個人サービス	12	7	4
事務用品	11	0	0
分類不明	15	− 4	1
合計	897	502	227

出所：筆者推計

第3節　観光被害額推計

表 3-21　第二次間接効果

(単位：百万円)

	第二次間接効果		
	生産誘発額	粗付加価値誘発額	雇用者所得誘発額
農業	7	3	1
林業	0	0	0
漁業	0	0	0
鉱業	0	0	0
飲食料品	5	2	1
繊維製品	0	0	0
パルプ・紙・木製品	0	0	0
化学製品	0	0	0
石油・石炭製品	0	0	0
窯業・土石製品	0	0	0
鉄鋼	0	0	0
非鉄金属	0	0	0
金属製品	0	0	0
一般機械	0	0	0
電気機械	0	0	0
情報・通信機器	0	0	0
電子部品	0	0	0
輸送機械	0	0	0
精密機械	0	0	0
その他の製造工業製品	2	1	0
建設	11	5	4
電力・ガス・熱供給	35	17	4
水道・廃棄物処理	2	1	1
商業	23	15	10
金融・保健	57	35	16
不動産	245	213	6
運輸	25	12	8
情報通信	6	4	1
公務	2	1	1
教育・研究	17	14	12
医療・保健・社会保障・介護	39	23	20
その他の公共サービス	13	8	7
対事業所サービス	35	19	11
対個人サービス	65	37	20
事務用品	1	0	0
分類不明	2	0	0
合計	591	413	121

出所：筆者推計

続いて、第一次間接効果は直接効果額に投入係数行列（A）を掛けて原材料投入額を求め、さらに市内自給率を掛けて市内需要額を算出する。そして、$(I-A+MA)^{-1}(I-M)×$市内需要額から第一次間接効果を求める。その結果を表 3-20 に示す。

第二次間接効果は直接効果額×雇用者所得率で求めた雇用者所得額に雇用者所得誘発額を加算し、消費転換係数 0.601（総務省　家計調査）を掛けて民間消費支出額を出し、市内自給率から民間市内消費支出額を求める。そして、$(I-A+MA)^{-1}(I-M)×$民間市内消費支出額から第二次間接効果を求める。その結果を表 3-21 に示す。

観光被害額は直接効果額 60 億 9,600 万円、第一次間接効果額 8 億 9,700 万円、第二次間接効果額 5 億 9,100 万円で合計 75 億 8,400 万円億円の被害額が推計された（図 3-16 参照）。市名目 GDP と比較するとおよそ 1.3％程度の影響があったと推察できる。この比率をみると、低いように感じられる

（単位：百万円）

	直接効果	第一次間接効果	第二次間接効果	総合効果
生産誘発額	6,096	897	591	7,584
粗付加価値誘発額	2,728	502	413	3,643
雇用者所得誘発額	1,571	227	121	1,919

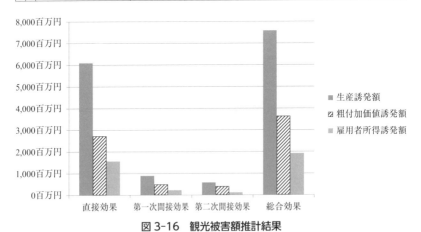

図 3-16　観光被害額推計結果

出所：筆者推計

が、建物毀損といったストック被害額は除いた数字であり、対個人サービス部門の粗付加価値が 156 億円程度であることを考慮すると大きなダメージであったと考えられる。

第4節　石巻市の観光施策と効率性評価

1　SWOT 分析

石巻市での震災被害は建物破損等の直接被害の他、間接的な観光損失額が 75 億円を超え、観光分野での影響は大きなものであることが明らかとなった。では、その石巻市では観光振興に向けたどのような取組みが進められているのだろうか。

2014 年 3 月に公表された「石巻市観光復興プラン」では観光復興に向けた課題が幾つか示されている。そこで、同プランで示された課題を考慮して SWOT 分析[8] を行ったところ、表 3-22 のように強み、弱み、機会、脅威を整理することができ、その結果から有効と考え得る事業を導き出した。

では、具体的にどのような取組みが検討されているのか。同プランによると、石巻市では 5 つの基本方針を定め、9 つの重点プロジェクトを計画している。

〈観光復興の基本方針〉

①　海・山の豊富な地場産品を活かした食のブランド化と商品開発を目指します。

②　自然環境や漫画等代表的な資源を最大限活用し、積極的な PR により、

8）SWOT 分析とは、外部から影響を受ける機会（Opportunities）と脅威（Threats）、内部に持つ強み（Strengths）と弱み（Weaknesses）をそれぞれ整理しながら、「強み」を生かして「機会」を勝ち取る、「弱み」を補強して「機会」を掴む方策、「強み」を生かして「脅威」を「機会」に代える差別化を検討し、分析を進めるマーケティング手法である。

第3章　東日本大震災と観光産業

表 3-22　SWOT 分析結果

強み（Strengths）	弱み（Weaknesses）
・東北のゲートウェイ仙台から近い ・豊富な水産物や新鮮な農産物がある ・多種多様なお祭り、イベントが開催される	・農産品の提供場所が少ない ・食のブランドイメージが弱い ・宿泊施設が少ない ・PR 力が乏しい
機会（Opportunities）	脅威（Threats）
・被災地ツアーやボランティアなど新たな交流人口の増加 ・鉄道の復旧により、広域交通網が確保されている ・復興国立公園など復興関連事業の推進	・被災地を訪れることに不安を抱く客層の存在

SWOT 分析の結果、有効と考え得る事業

「強み」を生かして「機会」を勝ち取る戦略	「復興応援ツアーやボランティア体験ツアー」の企画
「弱み」を克服して「機会」を掴む	お祭りやイベント開催時における地元名産品の積極的 PR
「強み」を生かして「脅威」を「機会」に変える差別化	仙台市での石巻市復興の積極的 PR

出所：筆者作成

　　地域イメージを形成し知名度アップを目指します。

③　ターゲットを明確にし、客層に応じた観光メニューの提供を目指します。

④　被災施設等の早期復旧、新たな施設等の整備を実施し、観光復興の促進を目指します。

⑤　関係団体との協力・連携の強化とともに、市民参加や地元企業参加を促し、地域一体となった観光振興体制の確立を目指します。

〈重点プロジェクト〉

①　食のまち・いしのまきプロジェクト

　　金華ブランドの水産品をはじめ季節ごとに海や山、田畑等から豊富に得られる旬の食材は本市の代表的な観光資源です。旬の食材を活かし

た観光の魅力として郷土料理、創作料理、B-1グルメ、酒、加工品、土産品等を観光客に提供することを総合的に展開します。

② MANGA観光プロジェクト

国際的な漫画文化が根付く観光地、日常的に漫画にふれあえるまちとして、現在の取り組みをさらに拡大し、漫画をテーマにした総合的な観光地づくりを進めます。コア施設、フィールド、サテライト施設で「石巻まるごとMANGAランド」の観光地づくりを目指します。

③ 三陸復興国立公園プロジェクト

震災の復興に貢献するために国が行う、「里山・里海フィールドミュージアムと施設整備」、「復興エコツーリズム」、「みちのく潮風トレイル」、「森・里・川・海のつながりの再生」等の事業を観光振興に繋げるためのメニューを確立し、事業展開します。また、ビジターセンターの有効活用を図ります。

④ 自然公園再生プロジェクト

自然公園等の再整備にあたっては、本市の観光復興全体における役割を踏まえ、ターゲットを明確にしながら、現在及び将来の観光ニーズに対応しうるものに再構築します。

⑤ アラカルト観光メニュープロジェクト

高齢者、仙台都市圏住民、仙台・松島観光客、外国人等ターゲットを明確にし、それらの客層が選択できる観光コースを提供するため、観光対象でのニーズに対応したアラカルトメニューの提供と観光対象を有機的に結びつけ観光客が選択できる観光ルートを形成します。

⑥ きずな観光プロジェクト

震災の復旧・復興による交流を今後も継続するとともに、その輪をより広げていくことにより、交流人口の拡大を図ります。また、被災地見学ツアーや復興イベントを充実させるとともに、復興状況等をマスコミやWEBサイト等で発信していきます。

⑦ ユニバーサルデザイン観光インフラプロジェクト

観光客の旅行企画段階の事前の情報収集から現地での情報収集、観光

地までのアクセス交通と観光地内での移動、旅行中の休憩やトイレ、緊急時の対応等、観光インフラを誰もがわかりやすく、使いやすいものとし、安全で快適な観光環境を整備します。

⑧ 観光施設復興プロジェクト

雄勝硯伝統産業会館やおしかホエールランドの復旧、まちなかにぎわい拠点の創出等の復興事業を本市の観光復興のシンボル事業と位置づけ、観光の復興のみならず産業の復興に効果をもたらし、対外的に本市の復興をアピールする事業として早期の事業実施に努めます。

⑨ 観光復興プラン推進プロジェクト

本プランを推進するため、観光関連団体との連携を強化します。また、広域観光の仕組みづくりや市民・地元企業の意識向上と参加の促進、観光事業者、ボランティア等の人材育成に努めます。

また、「石巻市震災復興基本計画実施計画」及び「予算書」から実際に進められている観光事業を洗い出した（表 3-23 参照）。商工観光課を中心に文化財復旧では歴史文化資料展示施設整備対策室が、石巻川、北上川など河川に絡む整備やイベントでは河川港湾室が担当となっている。

表 3-23　石巻市の観光事業

事業名	事業概要	実施期間	担当課
まつりイベント事業	地域文化・伝統の継承・保存、地場産業の信仰、地域住民の融和とコミュニティの形成による地域活性化等を主たる目的として継続してイベントを実施する。	2007〜2016 年度	商工観光課
おがつホタテまつり補助事業	宮城県内でも有数の生産量を誇る雄勝ホタテのブランド化・消費拡大を図るとともに、雄勝地区の基幹産業である水産業の再生・復興を図るため、本事業を実施する漁協に対し助成を行う。2014 年度予算：1,800 千円	2007〜2016 年度2011、2012 年度は震災のため休止	水産課

第4節　石巻市の観光施策と効率性評価

事業名	事業概要	実施期間	担当課
海水浴場開設事業	海水浴場を開設し、施設の安全対策の充実と利便性の向上に努める。当面は網地白浜海水浴場のみの開設とする。2012年度予算：2,700千円 2013年度予算：5,807千円 2014年度予算：5,959千円	2007～2016年度 2011年度は震災のため休止	商工観光課
映画等誘致・政策等支援事業	石巻を舞台とした映画やＴＶ番組を誘致し、観光振興を図るため、誘致活動を行う。	2010～2016年度	商工観光課
サン・ファン出帆400年記念事業	慶長施設船「サン・ファン・バウティスタ」の出帆400年を記念し、宮城県と共に記念イベントを実施する。「サン・ファン」を全国にPRし、観光振興の起爆剤となるよう活動する。2012年度予算：1,000千円 2013年度予算：4,000千円 2014年度予算：3,000千円	2011～2016年度 2011年度は震災のため休止	商工観光課
雄勝硯・伝統産業育成支援事業	書斎における4つの宝「筆、硯、和紙、墨」の伝統工芸品産地（国指定）のうち、石巻市（硯）、広島県熊野市（筆）、鳥取県鳥取市（和紙）、三重県鈴鹿市（墨）の文房四宝を集め、伝統産業の普及を目的に「文房四宝まつり」を開催する。	2012年度	商工観光課
雄勝硯・伝統技術継承支援事業	全国の硯生産の9割を占め、伝統工芸品に指定されている雄勝硯の継承、産地、生産者の体質強化を図るため、事業活動への支援を行う。	2007～2016年度 2011年度は震災のため休止	商工観光課
国際拠点港湾「石巻港」復興活性化プロジェクト事業	港湾感謝祭や客船寄港歓迎イベントを開催し、港を活用した地域の活性化を図るとともに賑わいの場を創出することにより、石巻港の復興を目指す。2013年度予算：10,000千円	2012～2015年度	河川港湾室

第 3 章　東日本大震災と観光産業

事業名	事業概要	実施期間	担当課
水辺の緑のプロムナード事業	毎年開催の石巻川開き祭や北上川沿いの散歩など水辺と市民との密接な係わりを復旧・復興するため、高潮や洪水等防御として取り組む北上川堤防整備（国）と連携して、水辺に沿った散策路や休憩所、そして船着場や多くの人が水辺のイベントを観覧できるベンチなどを整備する。不法係留対策としてマリーナ整備の基本構想を行う。 2012 年度予算：69,000 千円	2011〜2015 年度	河川港湾室
観光復興プラン策定事業	東日本大震災で大きな打撃を受けた観光産業の再生には、様々な施策が必要であり、観光客誘致に向けた戦略を新たに練り直し、観光資源の発掘や新しい観光ルートの創出など、経済の活性化に向けた観光振興策と復興プランの確立が急務となっていることから、復興に向けた段階的な観光振興プランを策定すると共に復興後の新たな振興プランを策定する。	2012 年度	商工観光課
石ノ森萬画館復旧事業	観光復興の旗印として震災に伴う復旧工事と併せて萬画館のリニューアル工事を実施し、観光再開のスタートを切る。	2011〜2012 年度	商工観光課
サン・ファン・バウティスタパーク災害復旧事業	サンファンバウティスタパーク内の段差改修等修繕を行い、安全の確保に努める。 2012 年度予算：1,700 千円	2012 年度	商工観光課
牡鹿地区観光施設災害復旧事業	震災により全壊又は半壊した観光施設を復旧する。 鮎川観光桟橋前公衆便所（H25〜H26） おしか家族旅行村オートキャンプ場（H24） おしか御番所公園（H24） 金華山休憩所（H24）	2011〜2014 年度	商工観光課
観光イベント復興推進事業	復興市等の実施やイベントへの参加に対して助成金を交付するとともに、新たな観光ルートや体験型観光パンフを作成し、観光復興を図る。	2012〜2015 年度	商工観光課

事業名	事業概要	実施期間	担当課
「防災ツアー」・「復興ツアー」等支援事業	防災ツアー等が増加していることから、その対応をして頂くボランティア協会に助成金を交付し、研修等を行う。	2012～2016 年度	商工観光課
まちなか観光推進事業	歩いて楽しい街づくりを念頭に、マンガを活用したまちなか観光整備事業を実施し、中心市街地の活性化の一助を担うよう進める。※全仮面ライダーのモニュメント設置	2011～2020 年度	商工観光課
国指定名勝齋藤氏庭園復旧事業	東日本大震災により、庭園内の建造物等に大きな被害を受けたことから、復旧整備を行い、文化財を次代に継承する。	2011～2020 年度	歴史文化資料展示施設整備対策室
旧石巻ハリストス正教会教会堂復元事業	東日本大震災により津波の直撃を受けながら奇跡的に倒壊・流出を免れたものの、壊滅的ダメージを受けた市指定文化財の旧石巻ハリストス正教会教会堂を復元する。	2011～2013 年度	歴史文化資料展示施設整備対策室
国指定史跡沼津貝塚修復事業	東日本大震災及び台風 15 号により、石垣や法面が崩壊したため、修復する。	2012 年度	歴史文化資料展示施設整備対策室
震災記録収集整理事業	東日本大震災により未曾有の被害を受けたことから、技術資料、歴史資料等として、その被害状況、復興への道程をデジタルアーカイブ等で後世に伝えていく。2014 年度予算：5,000 千円	2011～2020 年度	秘書広報課
ボランティア地域活性化事業	震災時に多くの支援をいただいた全国各地の方々へ復興情報を発信、市民へボランティアへの関心を高める機会を設け、ボランティア活動を通じた「絆」の継続と、地域交流を促進する。	2012～2015 年度	市民協同推進課
物産市等開催・参加支援事業	物産市等民間が開催・参加するイベントに対し、補助金を交付する。2013 年度予算：10,000 千円 2014 年度予算：3,512 千円	2012～2015 年度	商工観光課

第 3 章　東日本大震災と観光産業

事業名	事業概要	実施期間	担当課
石巻焼きそばフェスティバル実施事業	最終年に北海道・東北 B-1 グランプリを開催することを予定し、その間石巻焼きそばフェスティバル等のイベントを実施する。 2013 年度予算：5,000 千円 2014 年度予算：5,000 千円	2012～2015 年度	商工観光課
石巻観光ボランティア協会復興支援事業	被災地見学目的のツアーが増加していることから、その対応をしている観光ボランティア協会に研修費等の活動費を助成する。 2013 年度予算：500 千円	2012～2016 年度	商工観光課
震災伝承保全事業	震災の深い傷跡や得られた教訓を適切に伝承していくために、石巻市震災伝承検討委員会での検討や、震災伝承調査事業調査を実施し、必要な施策を講ずる。 2014 年度予算：10,300 千円	2012～2013 年度	復興政策課
雄勝地区観光拠点整備事業	震災により大破した雄勝硯伝統産業会館、雄勝石ギャラリー、雄勝インフォメーションセンターを統合した施設を整備し、雄勝再生の旗印とする。	2014 年度～	商工観光課
鮎川地区観光拠点整備事業	鮎川漁港内では、おしかホエールランドをはじめ、土産店や飲食店、定期船待合所など観光施設等が壊滅的な被害を受けた。これらの観光・商業施設を整備し、鮎川地区の観光産業の復興を図る。	2014 年度～	商工観光課
北上フィールドミュージアム物販施設整備事業	北上地域の再生のため、中核施設を新設し、地域再生を図るとともに、観光振興を図る。	2014 年度～	商工観光課

出所：「石巻市震災復興基本計画実施計画」及び「石巻市予算書」を基に筆者作成

　SWOT 分析によって有効と判断される事業について、観光復興プランで示された重点プロジェクト及び実際に展開されている実施事業による対比から石巻市の観光振興戦略について、表 3-24 のように分析することができる。
　「復興応援ツアーやボランティア体験ツアー」の企画は、現時点では助成

事業に留まっており、体験ツアーとしてどのような事業を取り入れるかといったオプショナルツアーの検討や学びの体験ツアーを市民全体で取組み、盛り上げていくための語り部育成講座やボランティア交流会の開催やツアープランの企画といった主体的かつ積極的な展開が望まれる。

お祭りやイベント開催時における地元名産品の積極的 PR に関連する企画は、震災年に中止となっていた祭りやイベントを徐々に復活させて地元名産品の PR を行っており、十分に対応を果たしていると思われる。

仙台市での石巻市復興の積極的 PR に関連する企画は、観光イベント復興推進事業を通じて観光パンフレットが作成されているものの、何処でどの客層に対して宣伝するのかといったプロモーションについての検討が不足していると思われる。

本項で取り上げたように石巻市でも観光振興に向けた様々な取組みが展開され、効果を挙げている事業とまだ不十分であると感じられる事業が多数混在する。こうした自治体による観光振興への取組みは石巻市以外にも各県市で実施されている。

そこで各自治体の観光費(投資)の比較を行うことで、石巻市における観光行政の効率性を判断すべく、次項では経営分析手法を用いた相対比較を行った。

表 3-24　SWOT 分析結果と重点プロジェクト及び実施事業との対比

SWOT 分析結果	重点プロジェクト	実施事業
「復興応援ツアーやボランティア体験ツアー」の企画	きずな観光プロジェクト	「防災ツアー」・「復興ツアー」等支援事業 ボランティア地域活性化事業 石巻観光ボランティア協会復興支援事業
お祭りやイベント開催時における地元名産品の積極的 PR	食のまち・いしのまきプロジェクト	おがつホタテまつり補助事業 石巻焼きそばフェスティバル実施事業
仙台市での石巻市復興の積極的 PR	該当プロジェクト無し	該当実施事業無し

出所：筆者分析結果

2 DEA 分析による観光費（投資）の効率性評価

（1）目的

　前項で石巻市の観光振興に向けて必要とされる取組みについて考察したが、石巻市と同様に各県、各市で毎年度、様々な観光事業が実施されている。しかし、行政が観光振興を目指して観光費を支出する場合、その効果を客観的に把握し、支援を講ずることの正当性の論拠が必要になる。そこで都道府県及び宮城県内の自治体と相対比較を行い、観光費の効率性について考察した。

　本項では、複数の施策を実施する都道府県及び市町村の相対比較を行う手法として DEA 分析（包絡分析法、Data-Envelopment-Analysis）を用いて解析した。DEA 分析は、様々な種類のインプット及びアウトプットの業績指標が存在する場合において、線型計画法を応用して生産フロンティアの包絡線を導出（対象集合の中で最適な生産を行っている主体を探索）し、その対象の相互比較を行うことで、投資資源と成果の関係、すなわち効率性を判定するためのものであり、最適な生産を行う主体をベースにした効率性評価の手法である。第1章で述べたように、幾つかの DEA 研究事例はあるものの、実は観光に対する市民のイメージと観光費の効率性に関する議論はまだ十分ではない。田村・大津他（2012）によると、観光ではイメージが訪問決定に大きな影響を与えるという。したがって本項では都道府県及び宮城県内市町村の観光費の効率性を市民のイメージとの関係から解析を行った。

（2）モデル

　DEA では分析対象となる企業や自治体などの生産主体を DMU（Decision Making Unit）と呼ぶ。また、その基本的な考えは、最も優れた事業体を基準とした効率性の相対的な評価を行うことにある。一般に、各事業体による生産活動は、ある資源を投入し、製品やサービス、便益などの産出を得る一種の変換プロセスと捉えることができる。DEA では、事業体がある産出高を実現するために、どのぐらいの投入要素を用いたかという「産出／投入」の

比がその生産活動の効率性を測定する相対的な尺度となる。同種の投入要素と産出物を持つ事業体が複数ある場合には、より少ない投入量でより大きな産出量を実現している事業体が高い生産性を持つ、すなわち効率的であると考え、同水準のアウトプット（産出）を得るためにはインプット（投入）が小さいほど、逆に同一の投入では産出が大きいほど、その DMU は効率的であるとみなすことができる。

ここで、N 個の DMU が存在するものとする。解析対象を DMU_j（$j = 1$, $\cdots$, n）で表すことができ、1個の出力ベクトル $Y_j = (Y_{1j}, \cdots Y_{lj})^T$ と m 個の入力ベクトル $X_j = (X_{1j}, \cdots, X_{mj})^T$ があるものとする。各 DMU の出力及び入力データを並べてできる行列を、それぞれ $Y \in R^{l \times n}$, $X \in R^{m \times n}$ とする。

n 個の DMU の中から、相対的に効率性を求める対象を $DMU_k (k \in \{1, \cdots, n\})$ とする。そして、出力に対するウェイトベクトルを $U = (U_1, \cdots, U_l)$、入力に対するそれを $V = (V_1, \cdots, V_m)$ とする。入力データが小さいほど、また出力データが大きいほど好ましく、DEA では仮想的な入出力の比（比率尺度）の値

$$\frac{仮想的出力}{仮想的入力} = \frac{UY_k}{VX_k} \tag{1}$$

が大きいほど効率的と考える。解析対象である DMU_k が他の DMU と比べて効率的であるか否かを判断するために、すべての DMU について比率尺度が1以下になるという条件の下で DMU_k の比率尺度(1)を最大にするような以下の分数計画（Fractional Programming：FP）問題を解くことになる。

$$\left(FP_k\right) \quad \underset{U, V}{max \ imize} \quad \theta = \frac{UY_k}{VX_k}$$

$$subject \quad to \quad \frac{UY_j}{VX_j} \leq 1 \ (j = 1, \cdots, n) \tag{2}$$

$$U \geq 0, \ V \geq 0$$

この FP 問題(2)を線型計画（Linear Programming：LP）問題に変換すると、以

第 3 章　東日本大震災と観光産業

下のようになる。

$$(LP_k) \quad \max_{U, V} imize \quad \theta = UY_k$$
$$subject \quad to \quad VX_k = 1$$
$$-VX + UY \leq 0 \tag{3}$$
$$U \geq 0, \ V \geq 0$$

　この線型計画問題を解くことで効率値（θ）を求めることになる。費用便益分析のように入出力指標を金額表示に換算する必要がないことから、これまでの研究において困難とされていたアウトカム指標を利用した解析が可能となる。

　今回の解析では次の 1 投入 2 産出モデルにより効率値を定義し、分析を行った。

ⅰ）分析 1（事業体：各都道府県及び石巻市）

　　各都道府県及び石巻市を観光客誘致を図る事業体とみなす。各都道府県は毎年度、観光費を支出しており、「延べ宿泊者数一人当たり観光費」を観光客誘致の為の財政支出（インプット）とし、この結果、各種観光事業が実施（アウトプット）されると考える。また、その結果、市民の「訪問意向」や「満足度」が高められる（アウトカム）と仮定することで、どの都道府県が効率的な観光客誘致を行っているかを測定することができる。

ⅱ）分析 2（事業体：石巻市及び宮城県内の市）

　　宮城県内でアウトカム（訪問意向度、満足度）が把握できる他の市との間で石巻市の相対比較を行う。

　なお、解析モデルの数式的定義は次のように設定することができる。

ⅰ）分析 1（事業体：各都道府県及び石巻市）

　解析対象である都道府県及び石巻市（DMU_P）を DMU_1、DMU_2…
DMU_{48} と表す。また、DMU は 1 種類の入力（延べ宿泊者数一人当たり観
光費）、2 種類の出力（訪問意向、満足度）Y_{1P}、Y_{2P} を持つとする（$P = 1, 2,$
…48）。

　また、2 種類の出力に対するウェイトを U_1、U_2 とする。これらウェ
イトは、制約条件下で、DMU_P 以外の DMU の効率値（θ）を 1 以下に
保ったとき、θ_P を最大にするウェイトとして定める。すなわち、DMU_P
の効率値を示す指標を次の分数計画問題と解くことにより求めることが
できる。

$$目的関数 \quad \theta_P = \frac{仮想的出力}{仮想的入力} = \frac{\sum_{j=1}^{2} U_j \cdot Y_{jP}}{X_P} \to max$$

$$制約条件 \quad \frac{\sum_{j=1}^{2} U_j \cdot Y_{jP}}{X_P} \leq 1 \qquad U_1, U_2 \geq 0$$

$$効率値 = \frac{仮想出力}{仮想入力} = \frac{u_1 \times 訪問意向 + u_2 \times 満足度}{延べ宿泊者数一人当たり観光費}$$

ⅱ）分析 2（事業体：石巻市及び宮城県内の市）

　DMU_P は宮城県内でアウトカム（訪問意向度、満足度）が把握できる石
巻市、仙台市、気仙沼市、塩竈市、多賀城市、東松島市、白石市、名取
市とし、DMU_1、DMU_2…DMU_8 で相対比較を行う。

　DMU_P の効率値を示す指標をは分析 1 と同じである。

第 3 章　東日本大震災と観光産業

$$
目的関数 \quad \theta_P = \frac{仮想的出力}{仮想的入力} = \frac{\sum_{j=1}^{2} U_j \cdot Y_{jP}}{X_P} \to max
$$

$$
制約条件 \quad \frac{\sum_{j=1}^{2} U_j \cdot Y_{jP}}{X_P} \leq 1 \qquad U_1, \ U_2 \geq 0
$$

$$
効率値 = \frac{仮想出力}{仮想入力} = \frac{u_1 \times 訪問意向 + u_2 \times 満足度}{延べ宿泊者数一人当たり観光費}
$$

解析に使用したデータは次の通りである。

ⅰ) 観光費
　　A　都道府県の観光費
　　　　・『都道府県決算状況調』から 2010 年度、2012 年度「観光費」を抽出

　　B　市の観光費
　　　　・仙台市・気仙沼市・石巻市・多賀城市・名取市は 2010 年度、2012 年
　　　　　度の各市『予算書』から観光費を抽出
　　　　・塩竈市・東松島市・白石市は『市町村別決算状況調』の「商工費」及
　　　　　び予算書から『商工費に占める観光費率』を算出できる仙台市・気仙
　　　　　沼市・石巻市・多賀城市・名取市の観光費率の平均値を基に 2010 年
　　　　　度、2012 年度「観光費」を推計

ⅱ) 延べ宿泊者数
　　A　都道府県の延べ宿泊者数
　　　　・『宿泊旅行統計調査』（観光庁）の月次データを年度集計
　　B　市の延べ宿泊者数
　　　　・『宿泊旅行統計調査』（観光庁）の宮城県延べ宿泊者数及び『平成 24
　　　　　年宮城県観光統計概要』の「県内市町村宿泊観光客数」データを基に
　　　　　按分集計

ⅲ) 訪問意向度
　　A　都道府県の訪問意向度
　　　　・『地域ブランド戦略サーベイ調査』（日経リサーチ）の「訪問意向度ス
　　　　　コア」
　　B　市の訪問意向度
　　　　・『地域ブランド戦略サーベイ調査』（日経リサーチ）の「訪問意向度ス

第4節　石巻市の観光施策と効率性評価

> 　　　　コア」
> ※訪問意向度スコアは「それぞれの地域に行ってみたいとと思いますか」との質問に対し、
> 　「ぜひ行ってみたい」「行ってもよい」と回答した比率（％）。
> iv）満足度
> 　　A　都道府県の満足度
> 　　　・『地域ブランド戦略サーベイ調査』（日経リサーチ）の「満足度スコア」
> 　　B　市の訪問意向度
> 　　　・『地域ブランド戦略サーベイ調査』（日経リサーチ）の「満足度スコア」
> ※満足度スコアは「それぞれの地域に、住んだり、行ったりした満足度はどの程度ですか」
> 　との質問に対し、「たいへん」「まあ」満足と回答した比率（％）。

　なお、㈱日経リサーチの地域ブランド戦略サーベイ調査はブランド力や認知度、魅力点など様々な観点から地域ブランドを評価し、ランキング化したものである。

　そこで本解析では、掲載される指標の中でも観光行動と関係のあるものとして、訪れてどのように感じたかが「満足度」に現れ、また、訪れた結果、もう一度行きたいと感じたかが「訪問意向度」に数値として現れると判断し、この2つの指標をアウトカム指標として取り扱うこととした。

> 『地域ブランド戦略サーベイ調査 2010』
> 調査地域：全国　　　　　　　　　調査対象：16〜69歳の一般個人男女
> 調査方法：インターネット調査　　総回答数：19,801 人
> 調査時期：2010 年 11 月
> 回答者の属性：
> 　性別構成比：男性（48.4％）、女性（51.6％）
> 　年齢構成比：20 代以下（10.3％）、30 代（29.6％）、40 代（32.4％）、50 代以
> 　　　　　　　上（27.6％）

> 『地域ブランド戦略サーベイ調査 2013』
> 調査地域：全国　　　　　　　　　調査対象：16〜69歳の一般個人男女
> 調査方法：インターネット調査　　総回答数：18,574 人
> 調査時期：2012 年 11 月下旬〜12 月上旬
> 回答者の属性：
> 　性別構成比：男性（53.1％）、女性（46.9％）
> 　年齢構成比：20 代以下（8.0％）、30 代（23.0％）、40 代（31.5％）、50 代以上
> 　　　　　　　（37.5％）

95

第 3 章　東日本大震災と観光産業

(3) 解析結果
　ⅰ) 分析 1 (事業体：各都道府県及び石巻市) の解析結果

◆訪問意向スコア
　2012 年度の訪問意向スコアについて前回値と比較した結果を図 3-17 で示した。この結果、前回値より増加した自治体は 28 都府県であった。中でも 5 ポイント以上増加したのは富山県で 5.2 ポイント増の 67.3 であった。
　一方で、5 ポイント以上減少したのは、福岡県の 72.5 (6.7 ポイント減)、宮崎県の 64.7 (5.8 ポイント減)、長崎県の 75.6 (5.5 ポイント減) であった。
　また、宮城県は 66.3 (1.9 ポイント減) で若干スコアを下げ、石巻市は 54.3 (1.4 ポイント減) と、震災で地名としての認知度が上がったにもかかわ

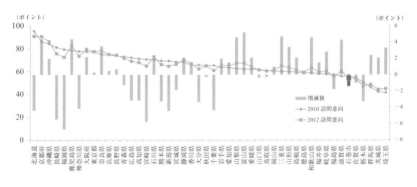

訪問意向	第1位スコア	第2位スコア	第3位スコア	第4位スコア	第5位スコア
2010 年度	北海道 (95.3)	京都府 (86.2)	沖縄県 (84.2)	福岡県 (79.2)	鹿児島県 (78.3)
2012 年度	北海道 (90.9)	京都府 (90.6)	沖縄県 (86.2)	鹿児島県 (82.7)	大阪府 (79.4)

訪問意向	宮城県・順位 (スコア)	石巻市・順位 (スコア)
2010 年度	第 21 位 (68.2)	第 43 位 (55.7)
2012 年度	第 21 位 (66.3)	第 43 位 (54.3)

図 3-17　訪問意向スコア (分析 1)
出所：日経リサーチ「地域ブランド戦略サーベイ調査」を基に筆者作成

第 4 節　石巻市の観光施策と効率性評価

らず、訪問意向スコアは降下し、下位に留まった。なお、上位 3 位までは変わらず、北海道、京都府、沖縄県であった。

◆満足度スコア

2012 年度の満足度スコアについて前回値と比較した結果を図 3-18 に示した。比較した結果、北海道と広島を除く自治体で増加した。中でも島根県は 20.8 ポイント増の 71.4、大分県は 20 ポイント増の 80.6 と急激に上昇したことがわかる。

また、宮城県は 75.6 と前回値を 6.2 ポイント上回ったものの順位は第 16 位（前回は第 13 位）と下げ、石巻市も 67.1 と前回値を 7.8 ポイント上回ったものの順位は第 34 位（前回は第 23 位）と下げる結果となった。

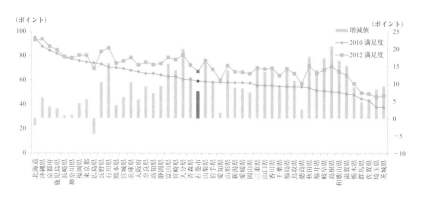

満足度	第1位スコア	第2位スコア	第3位スコア	第4位スコア	第5位スコア
2010 年度	北海道（95）	沖縄県（87.5）	京都府（84.2）	鹿児島県（81.8）	長崎県（78.4）
2012 年度	沖縄県（93.6）	北海道（92.9）	京都府（87.6）	石川県（86.3）	鹿児島県（84.7）

訪問意向	宮城県・順位（スコア）	石巻市・順位（スコア）
2010 年度	第 13 位（69.4）	第 23 位（59.3）
2012 年度	第 16 位（75.6）	第 34 位（67.1）

図 3-18　満足度スコア（分析 1）
出所：日経リサーチ「地域ブランド戦略サーベイ調査」を基に筆者作成

第 3 章　東日本大震災と観光産業

◆延べ宿泊者数一人当たり観光費

2012年度の延べ宿泊者数一人当たり観光費について前回値との比較から図3-19をみると、増額した自治体は21市県であった。中でも200円超の増額があった自治体は、石巻市の635円増、島根県の496円増、秋田県の257円増、鳥取県の236円増、沖縄県の224円増で、都道府県で比較すると島根県が延べ宿泊者数一人当たり観光費は939円と全国で最も高い県となり、さらに石巻市は2,015円とそれを大きく上回る水準であった。

一方、200円以上減少した県は、徳島県の488円減、青森県の207円減で、2010年度において都道府県で唯一1,000円超であった徳島県は、2012年度は615円であった。

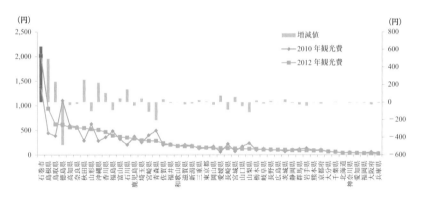

観光費	第1位金額(円)	第2位金額(円)	第3位金額(円)	第4位金額(円)	第5位金額(円)
2010年度	石巻市(1,381)	徳島県(1,103)	山形県(627)	高知県(595)	奈良県(572)
2012年度	石巻市(2,015)	島根県(939)	鳥取県(621)	徳島県(615)	高知県(562)

訪問意向	宮城県・順位（金額・円）	石巻市・順位（金額・円）
2010年度	第38位（70）	第1位（1,381）
2012年度	第28位（131）	第1位（2,015）

図3-19　延べ宿泊者数一人当たり観光費（分析1）
出所：総務省「都道府県決算状況調」及び観光庁「宿泊旅行統計調査」を基に筆者作成

第 4 節　石巻市の観光施策と効率性評価

◆効率値

　DEA 分析により 2012 年度及び 2010 年度の効率値を測定し、図 3-20 にまとめた。その結果、沖縄県が効率値を 0.130 から 1 と大幅に上げていることがわかった。これは、満足度スコアが 93.6 と全国第 1 位となった点が影響している。

　また、宮城県が 0.178 で全国第 20 位（前回値は第 10 位）と下げ、石巻市は 2010 年度、2012 年度ともに最下位であった。

$$効率値 = \frac{仮想出力}{仮想入力} = \frac{u_1 \times 訪問意向 + u_2 \times 満足度}{延べ宿泊者数一人当たり観光費}$$

2012 年度（震災後）データでの測定結果

	都道府県	効率値
第一位	北海道	1.000
第一位	兵庫県	1.000
第一位	沖縄県	1.000
第四位	大阪府	0.990
第五位	福岡県	0.795
第六位	神奈川県	0.583
第七位	愛知県	0.547
第八位	京都府	0.462
第九位	大分県	0.397
第十位	千葉県	0.320

2010 年度（震災前）データでの測定結果

	都道府県	効率値
第一位	北海道	1.000
第二位	兵庫県	0.972
第三位	福岡県	0.854
第四位	神奈川県	0.669
第五位	愛知県	0.636
第六位	大阪府	0.571
第七位	千葉県	0.489
第八位	愛媛県	0.434
第九位	大分県	0.420
第十位	宮城県	0.416

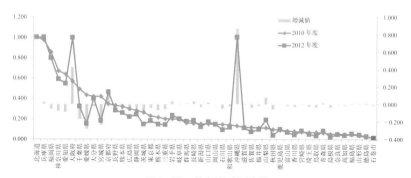

図 3-20　効率値（分析 1）

出所：筆者解析結果

第 3 章　東日本大震災と観光産業

ⅱ）分析 2（事業体：石巻市及び宮城県内の市）の解析結果

◆訪問意向スコア

　訪問意向スコアの動きを図 3-21 で比較すると、2012 年度の訪問意向スコアが前回値と比較して増加した自治体は 5 市であり、比較的多くの自治体で震災後の訪問意向度が高まった。中でも東松島市では 19.4 ポイント増の 44.6 であった。その一方で、石巻市は若干ポイントを下げ、スコアは 54.3 であった。

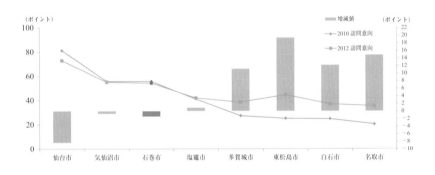

訪問意向	第 1 位スコア	第 2 位スコア	第 3 位スコア	第 4 位スコア
2010 年度	仙台市（81.3）	気仙沼市（55.7）	石巻市（55.7）	塩竈市（41.1）
2012 年度	仙台市（73）	気仙沼市（55）	石巻市（54.3）	東松島市（44.6）

訪問意向	第 5 位スコア	第 6 位スコア	第 7 位スコア	第 8 位スコア
2010 年度	多賀城市（27.4）	東松島市（25.2）	白石市（24.9）	名取市（20.6）
2012 年度	塩竈市（42）	多賀城市（38.6）	白石市（37.1）	名取市（35.5）

図 3-21　訪問意向スコア（分析 2）
出所：日経リサーチ「地域ブランド戦略サーベイ調査」を基に筆者作成

第 4 節　石巻市の観光施策と効率性評価

◆満足度スコア

図 3-22 で満足度スコアの動きをみると、2012 年度は仙台市を除く自治体で増加していることがわかった。中でも東松島市は 21.4 ポイント増の 85.7、多賀城市は 19.1 ポイント増の 59.9 と大幅に上昇している。

また、石巻市は 7.8 ポイント増の 67.1 のスコアを記録した。

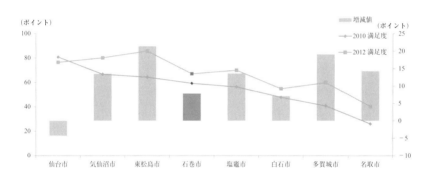

訪問意向	第 1 位スコア	第 2 位スコア	第 3 位スコア	第 4 位スコア
2010 年度	仙台市(80.8)	気仙沼市(66.7)	東松島市(64.3)	石巻市(59.3)
2012 年度	東松島市(85.7)	気仙沼市(80.7)	仙台市(76.5)	塩竈市(70)

訪問意向	第 5 位スコア	第 6 位スコア	第 7 位スコア	第 8 位スコア
2010 年度	塩竈市(56.4)	白石市(47.8)	多賀城市(40.8)	名取市(26)
2012 年度	石巻市(67.1)	多賀城市(59.9)	白石市(54.9)	名取市(40.3)

図 3-22　満足度スコア（分析 2）
出所：日経リサーチ「地域ブランド戦略サーベイ調査」を基に筆者作成

第 3 章　東日本大震災と観光産業

◆延べ宿泊者数一人当たり観光費

　2012 年度の延べ宿泊者数一人当たり観光費を前回値と比較すると、名取市が延べ宿泊者数の増加によって大幅に減少させた一方で、石巻市は 2,015 円と一人当たり支出の最も高い市となっていることが明らかとなった（図 3-23 参照）。

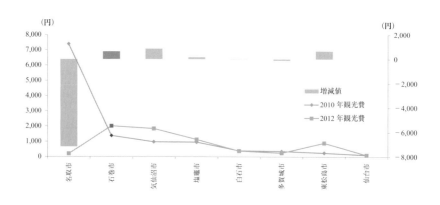

観光費	第1位金額（円）	第2位金額（円）	第3位金額（円）	第4位金額（円）
2010 年度	名取市(7,382)	石巻市(1,381)	気仙沼市(979)	塩竈市(959)
2012 年度	石巻市(2,015)	気仙沼市(1,842)	塩竈市(1,130)	東松島市(900)

観光費	第5位金額（円）	第6位金額（円）	第7位金額（円）	第8位金額（円）
2010 年度	白石市(396)	多賀城市(362)	東松島市(246)	仙台市(118)
2012 年度	白石市(381)	多賀城市(251)	名取市(203)	仙台市(109)

図 3-23　延べ宿泊者数一人当たり観光費（分析 2）
出所：総務省「市町村別決算状況調」及び観光庁「宿泊旅行統計調査」を基に筆者作成

第4節　石巻市の観光施策と効率性評価

◆効率値

DEA分析により2012年度及び2010年度の効率値を整理した（図3-24参照）。その結果、宮城県内での自治体間比較の中でも石巻市は最下位に位置することが明らかとなった。

効率値を改善し、観光振興につなげていくには、今まで以上に石巻市の魅力を外に発信し、訪問意向度を高めて誘客を図り、延べ一人当たり観光費を下げていく取組みが望まれる。

$$効率値 = \frac{仮想出力}{仮想入力} = \frac{u_1 \times 訪問意向 + u_2 \times 満足度}{延べ宿泊者数一人当たり観光費}$$

2012年度（震災後）データでの測定結果

	都道府県	効率値
第一位	仙台市	1.000
第一位	東松島市	1.000
第三位	多賀城市	0.342
第四位	名取市	0.285
第五位	気仙沼市	0.232
第六位	白石市	0.206
第七位	塩竈市	0.089
第八位	石巻市	0.048

2010年度（震災前）データでの測定結果

	都道府県	効率値
第一位	仙台市	1.000
第二位	東松島市	0.381
第三位	白石市	0.176
第四位	多賀城市	0.164
第五位	気仙沼市	0.099
第六位	塩釜市	0.086
第七位	石巻市	0.063
第八位	名取市	0.005

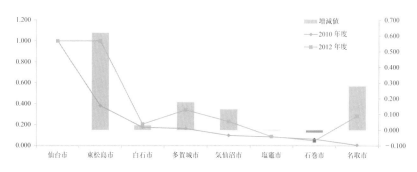

図3-24　効率値（分析2）

出所：筆者解析結果

第4章

余暇活動と観光ニーズ

第1節　余暇活動と国内観光需要の動向

　第3章では、既存の統計データや計画から石巻市の現状を分析した。本章では観光マーケット動向について確認するとともに、各人の石巻市ツアーに対するイメージや実際に訪れた人のレビューを基に石巻市観光で何が求められているのか、市内の観光資源をどう評価しているのかを明らかにし、観光振興に向けた戦略を考察した。

　本節では、国民生活時間調査報告及びレジャー白書等から観光マーケットが拡大しつつある点を確認する。まず、2010年国民生活時間調査報告書（NHK放送文化研究所調査）によると、観光に関わる消費が生活時間分類の垣根を越えて現れていることがわかる。

　同報告書によると、日々の私達の生活時間は必需行動、拘束行動、自由行動の3つに分類できるという。

　（1）必需行動：個体を維持向上させるために行う必要不可欠性の高い行動。

　　　　　　　　　睡眠、食事、身のまわりの用事、療養・静養からなる。

　（2）拘束行動：家庭や社会を維持向上させるために行う義務性・拘束性の高い行動。

仕事関連、学業、家事、通勤・通学、社会参加からなる。

（3）自由行動：人間性を維持向上させるために行う自由裁量性の高い行動。

マスメディア接触、積極的活動であるレジャー活動、人と会うこと・話すことが中心の会話・交際、心身を休めることが中心の休息からなる。

観光をこの生活時間分類で考えると、表4-1で区分されるように「レジャー活動」のカテゴリーを中心に分類できるが、教育旅行は「学校外の学習」、また、震災後に急増しているボランティアツーリズム（社会奉仕活動に無償で協力することを目的とした旅行）は「社会参加」に分類することができ、ジャンルの垣根を越えた活動として捉えることができる。またさらに、観光概念をより広く余暇活動として捉えると、「会話・交際」、「マスメディア接触」、「休息」に使われる時間や「療養・静養」なども含めることができ、観光の特性である非日常性に限定されず、日常生活の中にも余暇活動があるといえよう。

では、私達は日々限られた時間をどのように消費しているのだろうか。前述報告書によると、図4-1で示されるように男女とも60代以上になると、「自由行動」時間が大幅に増加する。これは、仕事や学業などの拘束行動時間が減るためである。日本では今後、急速に高齢化が進むことから、観光をはじめとする余暇活動の重要性は増してくると思われる。

また、「自由行動」時間の主役となる余暇活動に関連し、レジャー白書2013で報告される余暇活動参加種目数の年代別推移をみると、主役年代層に変化がみられる（図4-2参照）。

2002年時点では男女とも若い年代ほど参加種目数が多かった。ところが、2006年、2009年、2012年と徐々に年代別参加種目数にみる余暇活動の主役が50代・60代以上の層へと変わってきていることがわかる。

さらに内閣府調査の「国民の生活に関する世論調査」（平成25年6月調査）によると、「今後の生活の力点」として、「レジャー・余暇生活」に力点を置

第1節　余暇活動と国内観光需要の動向

表4-1　生活時間分類

大分類	中分類	小分類	具体例
必需行動	睡眠	睡眠	30分以上連続した睡眠、仮眠、昼寝
	食事	食事	朝食、昼食、夕食、夜食、給食
	身のまわりの用事	身のまわりの用事	洗顔、トイレ、入浴、着替え、化粧、散髪
	療養・静養	療養・静養	医者に行く、治療を受ける、入院、療養中
拘束行動	仕事関連	仕事	何らかの収入を得る行動、準備・片付け・移動なども含む
		仕事のつきあい	上司・同僚・部下との仕事上のつきあい、送別会
	学業	授業・学内の活動	授業、朝礼、掃除、学校行事、部活動、クラブ活動
		学校外の学習	自宅や学習塾での学習、宿題
	家事	炊事・掃除・洗濯	食事の支度・後片付け、掃除、洗濯・アイロンがけ
		買い物	食料品・衣料品・生活用品などの買い物
		子どもの世話	子どもの相手、勉強をみる、送り迎え
		家庭雑事	整理・片付け、銀行・役所に行く、子ども以外の家族の世話・介護・看病
	通勤	通勤	自宅と職場（田畑などを含む）の往復
	通学	通学	自宅と学校の往復
	社会参加	社会参加	PTA、地域の行事・会合への参加、冠婚葬祭、ボランティア活動
自由行動	会話・交際	会話・交際	家族・友人・知人・親戚とのつきあい、おしゃべり、電話、電子メール
	レジャー活動	スポーツ	体操、運動、各種スポーツ、ボール遊び
		行楽・散策	行楽地・繁華街へ行く、街をぶらぶら歩く、散歩、釣り
		趣味・娯楽・教養	趣味・けいこごと・習いごと、観賞、観戦、遊び、ゲーム
		趣味・娯楽・教養のインターネット	趣味・娯楽・遊びごととしてインターネットを使う（電子メールは除く）
	マスメディア接触	テレビ	BS、CS、CATV、ワンセグの視聴を含める
		ラジオ	
		新聞	朝刊・夕刊・業界紙・広報紙を読む
		雑誌・マンガ・本	週刊誌・月刊誌・マンガ・本・カタログなどを読む
		CD・テープ	CD・デジタルオーディオプレイヤー・テープ・パソコンなどラジオ以外で音楽を聴く
		ビデオ・HDD・DVD	ビデオ・HDD・DVDを見る（録画しておいた番組も含む）
	休息	休息	休憩、おやつ、お茶、特に何もしていない状態
その他	その他・不明	その他	上記のどれにもあてはまらない行動
		不明	無記入

出所：2010年国民生活時間調査報告書（NHK放送文化研究所調査）

第4章　余暇活動と観光ニーズ

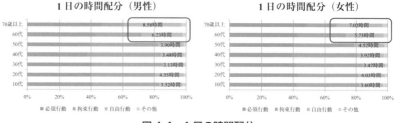

図 4-1　1日の時間配分
出所：2010 年国民生活時間調査報告書（NHK 放送文化研究所調査）

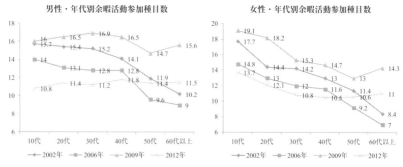

図 4-2　年代別余暇活動参加種目数
出所：「レジャー白書 2013」（公益財団法人　日本生産性本部）

く人が 36.9％と最も高かった。また、「自己啓発・能力向上」に力点を置く人も 27.2％と、休息や自分磨きを重視する人が増えていることが示された（図 4-3 参照）。つまり、私達が日々の生活の中で余暇活動に望むのは、休息や自分磨きのためであり、しかも、今後は今まで以上に「自由行動」時間を持て余した高齢世代層が増加することからも、観光マーケットは成長が期待できる分野であるといえるだろう。

では、現在のところ余暇活動として何が選択されているのだろうか。レジャー白書 2013 によると、2011 年に続き 2012 年においても東京スカイツリーの開業などもあり、「国内観光旅行（避暑、避寒、温泉など）」が首位で、第2位以下、ドライブ、外食、映画、音楽鑑賞、カラオケと続き、国内観光の人気の高さが伺えた（表 4-2 参照）。

第1節 余暇活動と国内観光需要の動向

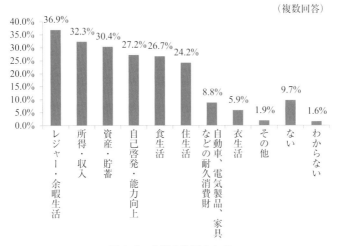

図 4-3　今後の生活の力点
出所：内閣府調査「国民の生活に関する世論調査」（平成25年6月調査）を基に筆者作成

表 4-2　余暇活動の参加人口上位 20 種目

	2012 年				2011 年	
順位	余暇活動種目	万人	順位	余暇活動種目	万人
1	国内観光旅行（避暑、避寒、温泉など）	5,670	1	国内観光旅行（避暑、避寒、温泉など）	5,580
2	ドライブ	5,200	2	外食（日常的なものは除く）	5,370
3	外食（日常的なものは除く）	5,170	3	ドライブ	5,360
4	映画（テレビは除く）	4,090	4	映画（テレビは除く）	4,160
5	音楽鑑賞(CD、レコード、テープ、FMなど)	4,000	5	音楽鑑賞(CD、レコード、テープ、FMなど)	4,110
6	カラオケ	3,660	6	ビデオの鑑賞（レンタルを含む）	3,970
7	動物園、植物園、水族館、博物館	3,650	7	カラオケ	3,910
8	宝くじ	3,530	8	宝くじ	3,840
9	ビデオの鑑賞（レンタルを含む）	3,420	9	動物園、植物園、水族館、博物館	3,720
10	園芸、庭いじり	3,100	10	園芸、庭いじり	3,380
11	テレビゲーム（家庭での）	3,080	11	テレビゲーム（家庭での）	3,340
12	トランプ、オセロ、カルタ、花札など	3,070	12	トランプ、オセロ、カルタ、花札など	3,090
13	学習、調べもの	2,580	13	音楽会、コンサートなど	2,840
14	音楽会、コンサートなど	2,570	14	学習、調べもの	2,720
15	ジョギング、マラソン	2,450	15	体操（器具をつかわないもの）	2,710
16	バー、スナック、パブ、飲み屋	2,420	16	バー、スナック、パブ、飲み屋	2,640
17	帰省旅行	2,370	17	ジョギング、マラソン	2,590
18	体操（器具をつかわないもの）	2,270	18	写真の製作	2,430
19	遊園地	2,210	19	帰省旅行	2,380
20	写真の製作、ピクニック、ハイキング、野外散歩	2,150	20	ピクニック、ハイキング、野外散歩	2,330

出所：「レジャー白書 2013」（公益財団法人　日本生産性本部）

第4章　余暇活動と観光ニーズ

第2節　階層化意思決定法（AHP分析）に基づく余暇活動ニーズの解析

1　解析目的

　前節では、観光ニーズが拡大し、市場としても成長産業であることが認識されるとともに、余暇活動が国内観光旅行だけに留まらず、ドライブや映画鑑賞といった趣味的な活動、学習や調べものといった自己研鑽的な活動、ジョギングやマラソンといったスポーツなど多岐にわたることも明らかにされた。この点は団体旅行が減少し、休日の余暇活動を個人で過ごす人が増えているといった現象にも現れているように、私達のライフスタイルが変化してきていることにも起因すると思われる。1995年の観光政策審議会報告「今後の観光政策の基本的な方向について」によると、観光は「余暇時間のなかで、日常生活圏を離れておこなうさまざまな活動であって、ふれあい、学び、遊ぶことを目的とするもの」と定義されており、観光需要は様々な要因から形成されているといえる。そこで本節では、余暇活動に関するアンケート調査を行い、私達の観光に対する関心度や評価基準についての分析を試みた。

2　評価モデル

　私達は日常生活で意思決定を行う際、様々な要因に対して意識的に、あるいは無意識に重みづけを行い、自身の行動を決定している。幾つかの選択肢の中から1つを選択する場合にも同様で、これを解析する方法として AHP 分析（Analytic Hierarchy Process；階層化意思決定法）が知られている。AHP 分析とは主観的判断とシステムアプローチをミックスした問題解決型意思決定手法の1つであり、問題の要素を「総合目的」「評価基準」「代替案」の関係で捉えて階層構造を作り上げるところから始まる。そして、総合目的からみた評価基準（どの評価基準を重視して余暇活動を選択したか、あるいはどの評価基準

110

第2節　階層化意思決定法（AHP分析）に基づく余暇活動ニーズの解析

に満足しているのか）の重要さを求め、次に、各評価基準から見た各代替案（AHP分析では1つの選択肢に対してもう1つの選択肢を代替案という）の重要度を評価し、最後にこれらを総合目標で見た代替案の評価として定量的に計測するものである。AHP分析は評価基準が多く存在し、しかも互いに共通の尺度が無いような問題の解決に利用できることや、これまでの定量的分析では扱いきれないような不明瞭な要因がからみ、構造も明確でないような問題の解決に利用できることが大きな特徴として挙げられ、一対比較の精度の高さや定性的な情報に対応できることから広く適用されるようになってきている。

例えば、国内旅行の旅先を選択するに当たり、北海道・沖縄県・富山県という代替案の中から1地域を選ぶ場合を想定しよう。意思決定者は値段・解放感・見所・移動時間を評価基準としたと仮定する。この場合の階層構造は図4-4のようになる。

AHP分析における比較や評価は、一対比較法によって行われる。一対比較法とは「値段」と「解放感」、「値段」と「見所」というように、評価基準内の2項目を取り出し、どちらの評価基準がどの程度重要かという評価を与え、統計的な方法でウェイトを計算する方法である。すなわち、4つの評価基準の重要度を決定する場合、単純に2つずつ比較する措置を取る。例えば、意思決定者に「"値段"は"解放感"に比べてどの程度重要ですか」という質問をし、その程度を「同じ程度」、「若干」、「かなり」などの副詞的用語を駆使し、そのニュアンスの度合いを表現してもらうものである。

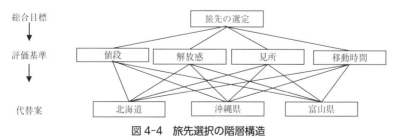

図4-4　旅先選択の階層構造

出所：筆者作成

111

第 4 章　余暇活動と観光ニーズ

　評価する際に言葉を利用して感覚的に選択することは便利であるが、そのままでは解析できないため、通常は 1 ～ 7 の整数とその逆数を用いて次のように表現する。この時の数値を一対比較値と呼ぶ。

1：両方の項目が同程度に重要　　　3：前者の方が後者より若干重要

5：前者の方が後者より重要　　　　7：前者の方が後者よりかなり重要

　なお、「"値段（前者）" は "解放感（後者）" よりかなり重要」と評価した場合の一対比較値は 7 となるが、「"解放感（後者）" は "値段（前者）" よりもかなり重要」と評価する場合の一対比較値は 7 の逆数で「1/7」となる。表 4-3 は一対比較した結果を表形式で表したもので一対比較表と呼ばれるものである。
　一対比較表作成後、各評価基準のウェイトを決定する必要がある。AHP分析は比率尺度による評価、すなわち何倍望ましいかといった主観によって作成された一対比較表に基づいて評価項目の重要度が決定される。
　ウェイトを決定する方法は幾何平均法と固有値法の 2 通りがある。幾何平均法は一対比較数値の平均値を重み（ウェイト）とする方法である。一対比較表の各行ごとの数値をすべて掛け合わせ、その行にある数値の個数が n 個の場合は n 乗根を計算する。前述の例では、次の表 4-4 のようになる。
　評価項目と同様に代替案についても一対比較を行う。代替案は「値段」、「解放感」、「見所」、「移動時間」の評価項目毎に一対比較を行う。この結果

表 4-3　一対比較表

	値段	解放感	見所	移動時間
値段	1	2	5	7
解放感	1/3	1	5	7
見所	1/5	1/5	1	3
移動時間	1/7	1/7	1/3	1

出所：筆者作成

112

第2節　階層化意思決定法（AHP分析）に基づく余暇活動ニーズの解析

表4-4　各評価項目のウェイト

	値段	解放感	見所	移動時間	幾何平均	ウェイト
値段	1	3	5	7	$\sqrt[4]{1 \times 3 \times 5 \times 7} = 3.20$	$3.20 \div 5.93 = 0.540$
解放感	1/3	1	5	7	$\sqrt[4]{1/3 \times 1 \times 5 \times 7} = 1.85$	$1.85 \div 5.93 = 0.312$
見所	1/5	1/5	1	3	$\sqrt[4]{1/5 \times 1/5 \times 1 \times 3} = 0.59$	$0.59 \div 5.93 = 0.099$
移動時間	1/7	1/7	1/3	1	$\sqrt[4]{1/7 \times 1/7 \times 1/3 \times 1} = 0.29$	$0.29 \div 5.93 = 0.049$
合計					5.93	

出所：筆者推計

表4-5　評価項目毎の代替案（旅先）評価

値段	北海道	沖縄県	富山県	幾何平均	ウェイト
北海道	1	2	3	1.817	0.54
沖縄県	1/2	1	2	1	0.297
富山県	1/3	1/2	1	0.55	0.163

解放感	北海道	沖縄県	富山県	幾何平均	ウェイト
北海道	1	1/5	1/2	0.464	0.106
沖縄県	5	1	7	3.271	0.744
富山県	2	1/7	1	0.659	0.15

見所	北海道	沖縄県	富山県	幾何平均	ウェイト
北海道	1	3	2	1.817	0.54
沖縄県	1/3	1	1/2	0.55	0.163
富山県	1/2	2	1	1	0.297

移動時間	北海道	沖縄県	富山県	幾何平均	ウェイト
北海道	1	1/2	1/2	0.63	0.2
沖縄県	2	1	1	1.26	0.4
富山県	2	1	1	1.26	0.4

出所：筆者推計

を表4-5に示す。

　表4-4の各評価項目のウェイトに表4-5の代替案毎のウェイトを掛け合わ

第 4 章　余暇活動と観光ニーズ

表 4-6　総合目標の評価値

	値段	解放感	見所	移動時間	総合目標評価値
北海道	0.54×0.54	0.106×0.31	0.54×0.1	0.2×0.05	0.389
沖縄県	0.297×0.54	0.744×0.31	0.163×0.1	0.4×0.05	0.427
富山県	0.163×0.54	0.15×0.31	0.297×0.1	0.4×0.05	0.185

出所：筆者推計

せることで総合目標の評価値が算出できる（表 4-6 参照）。

　以上が幾何平均を用いた分析である。同手法以外に AHP 分析では固有値によって総合目標の評価値を求める方法もある。本ケースでは 4 つの評価項目（$I_j = I_1, I_2, I_3, I_4$）が有り、本来のウェイトが W_1, W_2, W_3, W_4 であるとする。このときの一対比較行列 A は次のように表される。

$$A = \begin{pmatrix} W_1/W_1 & W_1/W_2 & W_1/W_3 & W_1/W_4 \\ W_2/W_1 & W_2/W_2 & W_2/W_3 & W_2/W_4 \\ W_3/W_1 & W_3/W_2 & W_3/W_3 & W_3/W_4 \\ W_4/W_1 & W_4/W_2 & W_4/W_3 & W_4/W_4 \end{pmatrix} \tag{1}$$

　上記(1)式は理想的な評価が行われた場合にのみ成立する。ここで、n 個の評価項目に関するウェイトベクトルを V と置く。$V = (W_1, W_2, W_3, W_4)$ (2) すると、次の(3)式の等式を得ることができる。

$$AV = \begin{pmatrix} W_1/W_1 & W_1/W_2 & W_1/W_3 & W_1/W_4 \\ W_2/W_1 & W_2/W_2 & W_2/W_3 & W_2/W_4 \\ W_3/W_1 & W_3/W_2 & W_3/W_3 & W_3/W_4 \\ W_4/W_1 & W_4/W_2 & W_4/W_3 & W_4/W_4 \end{pmatrix} \times \begin{pmatrix} W_1 \\ W_2 \\ W_3 \\ W_4 \end{pmatrix} = 4 \times \begin{pmatrix} W_1 \\ W_2 \\ W_3 \\ W_4 \end{pmatrix} \tag{3}$$

　この(3)式よりウェイトベクトル V は行列 A の固有ベクトルであることがわかる。したがって、一対比較表から評価ウェイトを求める場合、固有ベク

第 2 節　階層化意思決定法（AHP 分析）に基づく余暇活動ニーズの解析

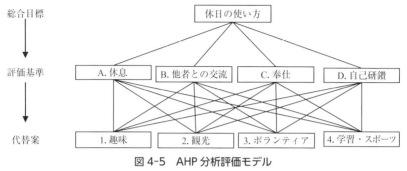

図 4-5　AHP 分析評価モデル

出所：筆者作成

トルを求めることと一致する。

　本書では評価ウェイトの算定に固有ベクトル法を用いて行った。具体的には図 4-5 のように分析目的である「休日の使い方」に対し、4 つの評価基準及び各評価基準からみた 4 つの代替案を定め、3 層構造で示される余暇活動ニーズを分析した。

3　調査実施概要

　法政大学の大学院生及び教員を対象に、2013 年 7 月 23 日、29 日、31 日に調査を実施した。調査対象となった有効サンプル数は 23（うち 1 名の回答が欠損）であった。今回の調査は予算及び調査時間の制約上、スモールデータに基づく分析である。結果の一般化はミスリーディングを招く可能性もあるが、余暇活動について 1 つの客観的示唆を得られる点で、その意義は深いと考える。AHP 分析におけるスモールデータの有効性については、山田(1998) が「一人の判断による AHP の結果は重要な意思決定の参考資料としてあまり使わないが、複数の人間の共通する感覚に基づくグループ判断は結果に信頼がおける。よって、その判断結果を用いた AHP の結果は信頼できる。」と述べており、スモールデータに基づく意思決定の有効性について触

第4章　余暇活動と観光ニーズ

表4-7　AHP分析質問一覧

No	質問文	選択肢
1	休日の過ごし方を決める際、どの目的を重視しますか。	休息、他者との交流、奉仕、自己研鑽
2	「休息」目的に優れる余暇活動はどれですか。	趣味、観光、ボランティア、学習・スポーツ
3	「他者との交流」目的に優れる余暇活動はどれですか。	趣味、観光、ボランティア、学習・スポーツ
4	「奉仕」目的に優れる余暇活動はどれですか。	趣味、観光、ボランティア、学習・スポーツ
5	「自己研鑽」目的に優れる余暇活動はどれですか。	趣味、観光、ボランティア、学習・スポーツ

出所：筆者作成

れている。また、近藤他（2004）も「通常 AHP は 1 人もしくは複数人がそれぞれ行った結果を総合して結果を導き出すものである。」と述べていることからも、本分析を通じて、余暇活動における観光の位置づけを探るうえで、重要な結果を得たと考える。

　なお、質問は次の 2 点を前提とし、5 問の設問に対して一対比較による回答を求めた（表4-7 参照）。

前提 1：休日の余暇活動は「1.　趣味」、「2.　観光」、「3.　ボランティア」、「4.　学習・スポーツ」のいずれかに時間を割くとする。
前提 2：その際の選択は「A.　休息」、「B.　他者との交流」、「C.　奉仕」、「D.　自己研鑽」の評価基準から判断していると考える。

4　解析結果

　本調査者である筆者の場合、「休日の使い方」に関する評価は以下の通りとなった。

・　評価基準を一対比較したところ、全体を 100％ とした場合、「自己研鑽」

第2節　階層化意思決定法（AHP分析）に基づく余暇活動ニーズの解析

表4-8　AHP分析結果（筆者の場合）

質問1	評価基準	1. 趣味	2. 観光	3. ボランティア	4. 学習・スポーツ	
A. 休息	16%	23%	25%	21%	30%	質問2
B. 他者との交流	24%	25%	22%	29%	25%	質問3
C. 奉仕	21%	26%	19%	36%	20%	質問4
D. 自己研鑽	38%	22%	17%	25%	35%	質問5

評価基準加重	1. 趣味	2. 観光	3. ボランティア	4. 学習・スポーツ	計
A. 休息	4%	4%	4%	5%	16%
B. 他者との交流	6%	5%	7%	6%	24%
C. 奉仕	6%	4%	8%	4%	21%
D. 自己研鑽	8%	7%	10%	13%	38%
計	24%	20%	28%	29%	100%

出所：筆者作成

が38％と最も高く、次いで「他者との交流」が24％、「奉仕」が21％であった。

・　代替案では、「学習・スポーツ」を29％と最も高く評価し、次いで「ボランティア」が28％、「趣味」が24％であった（表4-8参照）。

次にアンケートで有効回答であった22名の回答から、年代・性別平均値を求め、レーダーチャートにプロットしてみたところ、次の図4-6の結果を得ることができた。

5　結果の考察

余暇活動の評価基準でみると、「自己研鑽」では、20・30代男性及び20代女性が特に重視しており、若い世代で意識の高さが伺えた。また、代替案でみると「観光」は40・50代男性及び40代女性が選択肢として選んでいることがわかった。

117

第4章　余暇活動と観光ニーズ

□評価基準（年代・性別平均値のプロット）

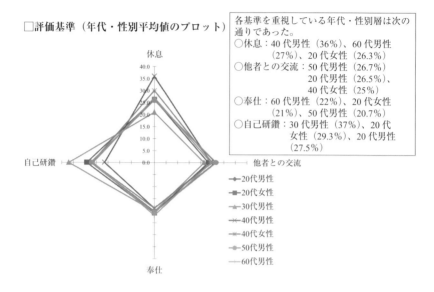

各基準を重視している年代・性別層は次の通りであった。
○休息：40代男性（36%）、60代男性（27%）、20代女性（26.3%）
○他者との交流：50代男性（26.7%）、20代男性（26.5%）、40代女性（25%）
○奉仕：60代男性（22%）、20代女性（21%）、50代男性（20.7%）
○自己研鑽：30代男性（37%）、20代女性（29.3%）、20代男性（27.5%）

□代替案（年代・性別平均値のプロット）

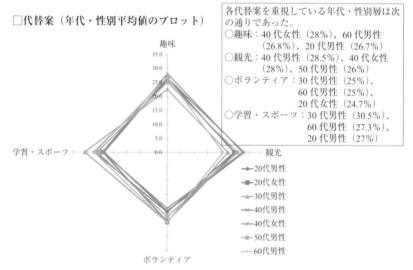

各代替案を重視している年代・性別層は次の通りであった。
○趣味：40代女性（28%）、60代男性（26.8%）、20代男性（26.7%）
○観光：40代男性（28.5%）、40代女性（28%）、50代男性（26%）
○ボランティア：30代男性（25%）、60代男性（25%）、20代女性（24.7%）
○学習・スポーツ：30代男性（30.5%）、60代男性（27.3%）、20代男性（27%）

図 4-6　AHP 分析結果（年代・性別平均値）

出所：筆者解析結果

118

第3節　観光地の魅力とテキストマイニングに基づく観光需要分析

1　研究のねらい

　前節では40代から50代の男性、40代の女性が余暇活動として観光を選択していることが明らかにされた。本節では、実際に石巻市を訪れた人がどのような思いを抱いているのか、この点に踏み込んで、観光需要を分析した。

　近年、インターネットの普及とともに旅行スタイルが変化してきている。第2章で触れたように2000年以降、ネット旅行業者が登場し、宿泊予約サイトを個人が自由に閲覧できる時代がやってきた。かつては、旅行会社に出向いてパンフレットを入手し、代理店を通じてパッケージツアーに申し込む。あるいは、宿泊施設に直接電話を掛けてガイドブックを見ながら散策するスタイルが一般的であった。しかし、現在ではインターネット上で場所や時間を気にすることなく容易に情報を収集・比較することができるようになってきた。また、各サイトでは過去の利用者の評価コメントを閲覧する事が可能であり、それら評価コメントを見ながら自身の旅行の目的や条件に合わせた予約が手軽にできるような時代となった。評価コメントは宿泊利用者が実際に当該宿泊地を訪れて周遊観光をし、施設を利用して感じたことを文章に記述したもので雑記帳のような役割を果たしており、観光者の生の声を拾うことができる。そこで、宿泊予約サイトの1つである「じゃらんnet」に掲載される宿泊施設に対する評価コメントを解析することで、施設のどのような点に評価の基軸が存在するのか、テキストマイニング手法による言語解析を試みた。

【主な宿泊予約サイト】

ⅰ）楽天トラベル

　1996年に「ホテルの窓口」として営業を開始し、2001年に「楽天トラベル」サイトがオープン。翌2002年8月に楽天株式会社よりトラベ

ル事業が分社化して設立された。日本最大の宿泊予約サイト。2014年に楽天株式会社が楽天トラベル株式会社を吸収。当日や直前予約にも便利。旅行取扱規模は国内第3位（平成27年度）。

ⅱ）じゃらん net

2000年11月に㈱リクルートホールディングスが管理・運営する、宿泊予約も可能な旅行情報サイトとしてサービスが開始された。20,000軒以上の施設が提供する「宿泊プラン」や「日帰り・デイユースプラン」が登録されており、旅行のテーマや目的に合わせた条件で旅館やホテルを検索できる。

ⅲ）るるぶトラベル

JTBの子会社である㈱i.JTBが管理運営するサイト。以前はe-Hotelとして運営していたが、2007年にサイトをリニューアルし、名称をるるぶトラベルに変更した。当日予約も26時まで可能。利用者の中心は20～40代層だという。2017年にJTBホームページと、るるぶトラベルのサイトとの統合が予定されている。

ⅳ）ToCoo!（トクートラベル）

クーコム㈱が管理運営するサイト。直前予約109円で有名になる。最低価格保証をしている宿泊予約サイト。

ⅴ）Expedia Japan（エクスペディア）

1996年にマイクロソフトの一部門として設立されたExpedia社の日本法人。世界24カ国でサイトを展開する世界最大級のサイト。

ⅵ）yoyaQ.com

㈱カカクコムが運営するホテル・旅館の割引予約サイト。プラン情報はホテル・旅館からの直接登録であり、キャンセル等によって発生した空室を埋めるための値下げや宿泊者特典の強化といったホテル・旅館の販売戦略がリアルタイムに反映される。

ⅶ）ゆこゆこネット

㈱ゆこゆこが運営する国内宿泊予約サイト。1万円以下の国内温泉旅館情報が満載。

第 3 節　観光地の魅力とテキストマイニングに基づく観光需要分析

2　データの概観

　宿泊予約サイトの一つ「じゃらん net」に掲載される宿泊施設に対する評価コメントのうち、石巻・気仙沼地区にある宿泊施設のレビューデータ（332人分、2,006 文、約 7 万 5,000 語）を基に解析ソフト KHcoder を利用してテキストマイニングを行った。

　今回取り扱ったデータではインターネット調査でしばしば指摘される高齢者層の書込みが少ないといった年代層バイアスの問題も無く、データセットとして利用することができた（図 4-7 参照）。

　対象とした施設及び期間は次の通りである。

・南三陸ホテル観洋（2012/3/9～2013/2/12）
・女川温泉華夕美（2012/4/10～2013/2/12）
・サンマリン気仙沼ホテル観洋（2012/5/7～2013/2/27）
・気仙沼ホテル一景閣（2012/6/15～2013/2/27）
・ホテルニューさか井（2012/3/11～2013/2/19）
・ホテルルートイン石巻（2012/4/25～2013/2/19）
・休暇村　気仙沼大島（2012/3/9～2013/2/27）
・ホテルパールシティ気仙沼（2012/3/9～2013/2/17）
・日の出の見える宿　ニュー泊崎荘（2012/3/12～2013/2/12）

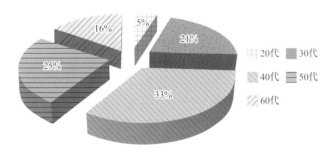

図 4-7　宿泊施設のレビューデータ（年代別割合）

出所：筆者集計

121

3 テキストマイニング手法

(1) テキストマイニング

マイニングとは採掘（mine）のことで、地面を掘り返して石炭や鉄鉱石といった資源を採掘することを意味し、膨大なデータの中から有用な情報を見つけ出すことをデータマイニングと呼ぶ。そして、テキストマイニングとは新聞や書籍、ブログやツイッターなどの文書をマイニングすることを指し、古くは 1958 年の安本（1958）の源氏物語の作者（紫式部）の同一性検証に関する研究がある。54 帖ある源氏物語を前半と後半に分け、2 つが同一作者の作品であるのかを、各章を言語データとして扱い、和歌の使用頻度や文章の長さ、名詞の使用頻度などを検証した研究である。採掘し発見するものは、収集したテキストに共通する話題であったり、テキストを書いた人の癖であったり様々である。テキストマイニングはテキストの長さや総数が少なければ分析者が一文ずつ丁寧に読んで行うこともできる。しかし、分析者が限られた時間内に処理できるテキスト量には限りがある。この為、同手法の開発が進んだのは 1990 年代後半以降であり、コンピュータ普及とともに発展してきた手法であるといえる。

(2) 形態素解析

テキストマイニングとは、テキストを自然言語処理した後、データマイニングの技術を用いてテキストの記載内容の傾向や特徴を抽出し、新たな知見を見出すといった探索的な解析を行う手法である。

まず必要とする作業が形態素解析である。形態素とは言語学で使用される専門用語で「意味の最小の単位」と説明され、大辞泉によると「言語学で、意味を持った最小の音形、ヤマ（山）のように形態素一つで単語が構成される場合もあれば、ヤマカゼ（山風）のように複数の形態素が単語を構成する場合もある」と解説されている。そして、文章から形態素を捜し出し、形態素単位に分割することが形態素解析であり、実際には KH Coder を利用して次の 2 つの処理を行った。

第 3 節　観光地の魅力とテキストマイニングに基づく観光需要分析

> ◆分かち書き（word segmentation）
>   文章を形態素に区切る処理。英語の場合はスペースで区切ればよく、形態素解析を日本語に行う場合の特徴的な処理といえる。
> ◆品詞タグ付（part-of-speech tagging）
>   区切られた形態素に情報（品詞・活用）を付与する。

　例えば、図 4-8 のように「観光ガイドを読んだ」を形態素に区切ると「観光」「ガイド」「読ん」「だ」と分けられる。そして、各形態素に品詞のタグを付け、カテゴライズすることで、質的データとしてより詳細な分析が可能となる。
　本書では、宿泊予約サイト「じゃらん net」内のユーザーレビューを用いて、形態素解析を行い、各形態素の頻度から名詞とサ変名詞（動詞「する」に接続してサ行変格活用の動詞と成り得る名詞）について頻度表を作成した。

(3) 階層クラスター分析
　構造の似通うデータを同じグループ（クラスター）に纏め、そうでないデータを異なるグループに集める処理方法をクラスター分析と呼ぶ。そして、データ間の類似度あるいは非類似度（距離）に基づき、最も似ているデータから順に集め、最終的に 1 つのクラスターになるまで繰り返し、図 4-9 のようにデンドログラムと呼ばれる樹形図で表現される方法を階層クラスター分析という。

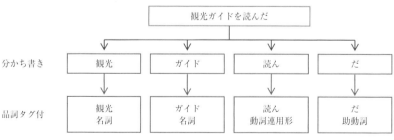

図 4-8　形態素解析　具体例

出所：筆者作成

第 4 章　余暇活動と観光ニーズ

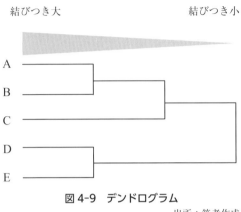

図 4-9　デンドログラム

出所：筆者作成

　本書のように対象とするデータがテキストデータの場合、各評価コメント文書が持っている情報を、形態素解析で分かち書きした後、その結果を表 4-9 のように文書に特定の形態素が含まれている場合を 1、含まれていない場合を 0 とする 2 値データのターム・文書行列（term-document matrix）を作成する。

　そして、このターム・文書行列を基に、Jaccard 係数（表 4-10 参照）を求め、Jaccard 距離（表 4-11 参照）の行列を作成する。Jaccard 係数及び Jaccard 距離は次式で求められ、ともに 0 から 1 までの値を取る。2 つの単語について同じ文章中に同時に出現（共起）すると関係が強いとみなし、Jaccard 係数の値は 1 に近づく（逆に Jaccard 距離は 0 に近づく）。

$$Jaccard\ 係数 = \frac{|X \cap Y|}{|X \cup Y|} \qquad Jaccard\ 距離 = 1 - (Jaccard\ 係数)$$

　Jaccard 距離行列を作成後、Ward 法によりクラスターを順次結合する。Ward 法とは、グループ内の分散が小さく、かつグループ間の分散が大きい組合せでグループ分けを行う方法であり、具体的には Jaccard 距離が小さいものをグルーピングしていく方法である。

　なお、本例におけるデンドログラムは図 4-10 のようになる。

第3節　観光地の魅力とテキストマイニングに基づく観光需要分析

表4-9　ターム・文書行列　例

		評価コメント1(s1)	評価コメント2(s2)	評価コメント3(s3)	評価コメント4(s4)	評価コメント5(s5)
		料理も贅沢で感動した	贅沢な料理を食べた	最高の贅沢で疲れが取れた	料理を食べ感動した	感動の料理を食べた
形態素1(n1)	感動する	1	0	0	1	1
形態素2(n2)	食べる	0	1	0	1	1
形態素3(n3)	疲れ	0	0	1	0	0
形態素4(n4)	贅沢	1	1	1	0	0
形態素5(n5)	最高	0	0	1	0	0
形態素6(n6)	料理	1	1	0	1	1
形態素7(n7)	取れる	0	0	1	0	0

出所：筆者作成

表4-10　Jaccard係数行列

		形態素1(n1)	形態素2(n2)	形態素3(n3)	形態素4(n4)	形態素5(n5)	形態素6(n6)	形態素7(n7)
		感動する	食べる	疲れ	贅沢	最高	料理	取れる
形態素1(n1)	感動する	―						
形態素2(n2)	食べる	0.50	―					
形態素3(n3)	疲れ	0.00	0.00	―				
形態素4(n4)	贅沢	0.20	0.20	0.33	―			
形態素5(n5)	最高	0.00	0.00	1.00	0.33	―		
形態素6(n6)	料理	0.75	0.75	0.00	0.40	0.00	―	
形態素7(n7)	取れる	0.00	0.00	1.00	0.33	1.00	0.00	―

表4-11　Jaccard距離行列

		形態素1(n1)	形態素2(n2)	形態素3(n3)	形態素4(n4)	形態素5(n5)	形態素6(n6)	形態素7(n7)
		感動する	食べる	疲れ	贅沢	最高	料理	取れる
形態素1(n1)	感動する	―						
形態素2(n2)	食べる	0.50	―					
形態素3(n3)	疲れ	1.00	1.00	―				
形態素4(n4)	贅沢	0.80	0.80	0.67	―			
形態素5(n5)	最高	1.00	1.00	0.00	0.67	―		
形態素6(n6)	料理	0.25	0.25	1.00	0.60	1.00	―	
形態素7(n7)	取れる	1.00	1.00	0.00	0.67	0.00	1.00	―

出所：筆者作成

第 4 章　余暇活動と観光ニーズ

（4）共起ネットワーク分析

共起（collocation）とはある一組の「共に起きる」程度を示す。テキストマイニングで使われる共起は、ある語が別の特定の語と隣接して現れることを指す。例えば、インターネットである書籍を購入した際に、関連書籍を紹介してくれるサイトがあるが、これは人工知能が利用され、過去の購買データから共起確率が高い書籍を薦める仕掛けをしていることによる。

本書では、共起尺度に階層クラスター分析と同様にJaccard係数を用いた。

ある語（A）と別の語（B）という一組の共起性の測定は、Aの単独での出現回数を$|X|$、Bの単独での出現回数を$|Y|$、どちらか一方が出現した回数を$|X \cup Y|$、両方が出現した回数を$|X \cap Y|$とすると、「Jaccard係数 = $|X \cap Y| \div |X \cup Y|$」で計算できる。また本書では、ノードの最小出現数が30回以上の形態素、リンクがJaccard係数0.2以上の共起関係を抽出し、ネットワーク分析を行った。さらに、テーマである「観光」に焦点をあて、観光との共起関係についても分析した。

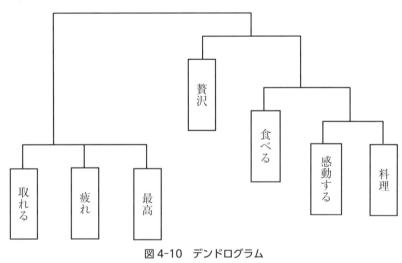

図 4-10　デンドログラム

出所：筆者作成

第3節　観光地の魅力とテキストマイニングに基づく観光需要分析

（5）コレスポンデンス分析

　コレスポンデンス分析は 1960 年代初期にフランスの研究者 Jean-Paul Benzecri によって考案された手法である。主にマーケティングに活用される手法で、様々な属性（サービス・ブランド）に対して、各要因（評価・イメージ）がどのように関連しているのかを 2 次元（もしくは 3 次元）に配置し、マッピングすることにより視覚的にその関連性を捉えることを可能とする分析手法である。関連の強いカテゴリーは近くに、弱いカテゴリーは遠くにプロットされるため、集計表や通常のグラフ表現だけでは簡単に読み取れないようなデータの傾向を直感的に把握することが可能となる。

　コレスポンデンス分析の数学的解釈を以下に示す。

　例えば、レビューデータから表 4-12 のクロス集計表が導かれた場合を考える。本表は 150 文から成るレビューデータから「被災」「体験」「観光」「頑張る」の語（ノード）が入力されている回数を年代別に整理したものである。

　表 4-12 を年代 X（20 代 $= X_1$, 40 代 $= X_2$, 60 代 $= X_3$）、語 Y（被災 $= Y_1$, 体験 $= Y_2$, 観光 $= Y_3$, 頑張る $= Y_4$）の 2 元データに置き換えると次の表 4-13 となる。

　ここで、年代（X）及び語（Y）を基準値、すなわち平均 0（$\overline{X} = \overline{Y} = 0$）、分散 1（$\sigma_x^2 = \sigma_y^2 = 1$）と解釈する。

$$\cdot \ \overline{X} = \frac{47X_1 + 52X_2 + 51X_3}{150} = 0, \quad \overline{Y} = \frac{41Y_1 + 38Y_2 + 42Y_3 + 29Y_4}{150} = 0$$

$$\cdot \ \sigma_x^2 = \frac{47X_1^2 + 52X_2^2 + 51X_3^2}{150} = 1, \quad \sigma_y^2 = \frac{41Y_1^2 + 38Y_2^2 + 42Y_3^2 + 29Y_4^2}{150} = 1$$

表 4-12　レビューデータクロス集計表

		全 150 文中に出てきた語				計
		被災	体験	観光	頑張る	
年代	20 代	10 回	19 回	13 回	5 回	47 回
	40 代	13 回	8 回	15 回	16 回	52 回
	60 代	18 回	11 回	14 回	8 回	51 回
計		41 回	38 回	42 回	29 回	150 回

出所：筆者作成

第4章　余暇活動と観光ニーズ

表4-13　レビューデータ毎に再整理したクロス表

	年代（X）	語（Y）	備考
レビューデータ1 ・ ・ レビューデータ10	20代（X_1） ・ ・ 20代（X_1）	被災（Y_1） ・ ・ 被災（Y_1）	「20代」で「被災」を入力した者が10名存在。
レビューデータ11 ・ ・ レビューデータ29	20代（X_1） ・ ・ 20代（X_1）	体験（Y_2） ・ ・ 体験（Y_2）	「20代」で「体験」を入力した者が19名存在。
レビューデータ30 ・ ・ レビューデータ42	20代（X_1） ・ ・ 20代（X_1）	観光（Y_3） ・ ・ 観光（Y_3）	「20代」で「観光」を入力した者が13名存在。
レビューデータ43 ・ ・ レビューデータ47	20代（X_1） ・ ・ 20代（X_1）	頑張る（Y_4） ・ ・ 頑張る（Y_4）	「20代」で「頑張る」を入力した者が5名存在。
レビューデータ48 ・ ・ レビューデータ60	40代（X_2） ・ ・ 40代（X_2）	被災（Y_1） ・ ・ 被災（Y_1）	「40代」で「被災」を入力した者が13名存在。
レビューデータ84 ・ ・ レビューデータ99	40代（X_2） ・ ・ 40代（X_2）	頑張る（Y_4） ・ ・ 頑張る（Y_4）	「40代」で「頑張る」を入力した者が16名存在。
レビューデータ100 ・ ・ レビューデータ117	60代（X_3） ・ ・ 60代（X_3）	被災（Y_1） ・ ・ 被災（Y_1）	「60代」で「被災」を入力した者が18名存在。
レビューデータ143 ・ ・ レビューデータ150	60代（X_3） ・ ・ 60代（X_3）	頑張る（Y_4） ・ ・ 頑張る（Y_4）	「60代」で「頑張る」を入力した者が8名存在。

出所：筆者作成

また、年代（X）と語（Y）の単相関係数 r は、$r = \dfrac{S_{xy}}{\sqrt{S_{xx} \times S_{yy}}}$ と表すことができる。

コレスポンデンス分析は単相関係数 r の最大化をとる $X_1 \sim X_3$, $Y_1 \sim Y_4$ を求め、XY 座標にプロットし、考察する分析である。

したがって、ラグランジュ未定乗数法により次式を解く。

第3節　観光地の魅力とテキストマイニングに基づく観光需要分析

	固有値 r^2	単相関係数 r	(X1, X2, X3)	(Y1, Y2, Y3, Y4)
成分1	$r_1^2=0.076$	$r_1=0.276$	(1.329, -1.133, -0.069)	(-0.237, 1.469, -0.060, -1.503)
成分2	$r_2^2=0.135$	$r_2=0.135$	(-0.653, -0.775, 1.392)	(1.524, -0.641, -0.110, -1.155)

	カテゴリー	座標（成分1, 成分2）
年代	20代	(1.329, -0.653)
	40代	(-1.133, -0.775)
	60代	(-0.069, 1.392)
語	被災	(-0.237, 1.524)
	頑張る	(1.469, -0.641)
	体験	(-0.060, -0.110)
	観光	(-1.503, -1.155)

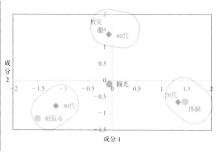

図4-11　ラグランジュ未定乗数法による解及び座標

出所：筆者作成

・$F(X, Y, \lambda) = r - \lambda_1 \left(\dfrac{47X_1^2 + 52X_2^2 + 51X_3^2}{150} - 1 \right) - \lambda_2 \left(\dfrac{41Y_1^2 + 38Y_2^2 + 42Y_3^2 + 29Y_4^2}{150} - 1 \right),$

$\dfrac{\partial F}{\partial X} = \dfrac{\partial F}{\partial Y} = \dfrac{\partial F}{\partial \lambda} = 0$

　この結果、図4-11の結果が得られ、プロットされたデータの位置関係から、「60代」と「被災」、「40代」と「頑張る」、「20代」と「体験」でカテゴリーが形成されていることがわかる。

4　解析結果と考察

（1）形態素解析結果

　宿泊予約サイト「じゃらんnet」内のユーザーレビューを用いて、形態素解析を行い、名詞及びサ変名詞の頻度表を作成したところ表4-14の結果を得た。

　注目すべき点として、名詞から「震災」「津波」「被害」「ボランティア」、サ変名詞から「復興」「被災」「支援」「応援」などの東日本大震災との関わ

第4章　余暇活動と観光ニーズ

表4-14　形態素解析結果

■名詞（上位30）

ホテル（212）	部屋（170）	夕食（134）	風呂（125）	震災（120）
露天風呂（68）	景色（57）	スタッフ（56）	バス（47）	最高（47）
津波（47）	お部屋（46）	三陸（43）	被害（39）	方々（39）
バイキング（37）	温泉（34）	気持ち（31）	刺身（31）	浴場（31）
ボランティア（30）	家族（29）	プラン（28）	アワビ（27）	ツアー（27）
子供（27）	場所（27）	眺め（27）	皆さん（25）	感じ（25）

■サ変名詞

利用（153）	復興（145）	宿泊（110）	満足（108）	朝食（99）
食事（88）	料理（77）	被災（68）	従業（49）	対応（47）
旅行（46）	お世話（45）	接客（32）	案内（29）	サービス（26）
観光（26）	予約（26）	営業（25）	支援（25）	応援（23）
影響（22）	期待（22）	施設（21）	旅（21）	感動（20）
到着（20）	設備（19）	工事（18）	駐車（16）	一望（15）

出所：筆者解析結果

りのある形態素が上位に入っていることが挙げられる。例えば、ユーザーレビュー全2,006文中に「震災」という形態素（言葉）が、120カ所出現しており、関心の高い言葉であるといえる。

(2) 階層クラスター分析結果

　332人の各評価コメントの全2,006文で、共起出現する形態素について、階層クラスター分析による分類分けを行った。なお、形態素の最小出現数を50回とし、それ以上の頻出で入力された語を対象とし、また、品詞による語の選択では、名詞、形容詞、形容動詞、副詞で対象とする語を選択としたところ、「ホテル」「部屋」「夕食」など31語が抽出された（表4-15参照）。

　こうして作成したデータセットを用いて、非類似度にJaccard距離、クラスター併合のアルゴリズムにWard法を用いて5つに分類分けを行った。

　この結果、図4-12のように宿泊施設に対する評価概念としては、「スタッ

第3節　観光地の魅力とテキストマイニングに基づく観光需要分析

表 4-15　階層クラスター分析データセット

	ホテル	部屋	夕食		海	宿
第 1 文	1	0	0		0	0
第 2 文	0	0	0		0	0
第 3 文	0	0	0		1	0
第 2004 文	0	1	0		0	0
第 2005 文	0	0	0		0	0
第 2006 文	0	0	0		0	0
合計	212 回	170 回	134 回		143 回	57 回

出所：筆者解析結果

フに関連する評価」「宿全般に関連する評価」「震災復興に関連する評価」「風
呂や景観に関連する評価」「食事に関連する評価」に大別でき、これらのク
ラスターで訪問者が評価をしていたことがわかった。

(3)　共起ネットワーク分析結果

　全 2,006 文を対象に共起ネットワーク分析を行い形態素同士のつながりを
分析した。

　なお、形態素の最小出現数を 30 回としてそれ以上の頻出で入力された語
を対象とし、品詞による語の選択では、名詞、形容詞、形容動詞、副詞で対
象語を選択としたところ、「部屋」「震災」「復興」など 73 語が抽出された（表
4-16 参照）。

　こうして作成したデータセットを用いて、非類似度に Jaccard 距離を用い
て分析を行った。この結果、図 4-13 のように訪れた人の評価から、「初めて
の利用者が多く」「部屋からは海が見え、風呂は清潔」「料理は美味しくて満
足できる」といったようなことが想起されるつながりを持つことがわかった。

　続いて「観光」との共起回数の多い上位 30 語を抽出し、ネットワーク図
を描くと、図 4-14 のように「客」「観光」「復興」で一つのサブグループが

131

第 4 章　余暇活動と観光ニーズ

・第 1 クラスター（スタッフ・残念等）　・第 2 クラスター（宿泊・利用等）
・第 3 クラスター（被災・震災・復興等）　・第 4 クラスター（部屋・風呂・景色・海等）
・第 5 クラスター（料理・食事等）

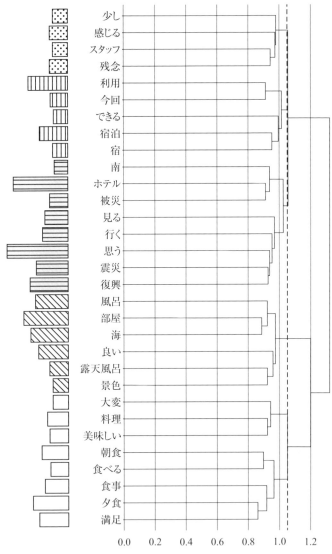

図 4-12　階層クラスター分析結果

出所：筆者解析結果

132

第3節 観光地の魅力とテキストマイニングに基づく観光需要分析

表4-16 共起ネットワーク分析データセット

	部屋	震災	復興		頑張る	訪れる
第1文	1	0	0		0	0
第2文	0	0	0		0	0
第3文	0	0	0		0	0
第2004文	0	1	0		0	0
第2005文	0	0	0		1	0
第2006文	0	0	0		0	0
合計	212回	170回	145回		47回	30回

出所：筆者解析結果

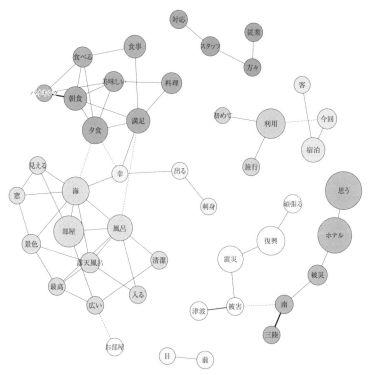

図4-13 共起ネットワーク図

出所：筆者解析結果

133

第 4 章　余暇活動と観光ニーズ

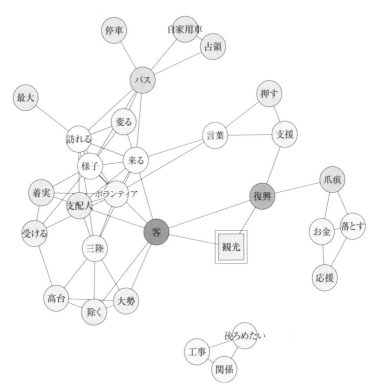

図 4-14　「観光」との共起ネットワーク図

出所：筆者解析結果

構築された。この点から、復興を念頭においた人々が観光で訪れていることが明らかとされた。

(4) コレスポンデンス分析結果

332 人のレビューデータを年代別にカテゴライズし、コレスポンデンス分析を行った。

形態素の最小出現数を 30 回としてそれ以上の頻出で入力された語を対象とし、品詞による語の選択では、名詞、形容詞、形容動詞、副詞で対象とする語を選択とした。その結果、表 4-17 のデータセットを作成することができた。

第3節　観光地の魅力とテキストマイニングに基づく観光需要分析

表4-17　コレスポンデンス分析データセット

| | 全73語 | | | | | 合計 |
	露天風呂	ボランティア		食べる	頑張る	(延べ人数)
20代	3人	1人		6人	3人	265人
30代	13人	5人		15人	5人	979人
40代	19人	15人		24人	13人	1,520人
50代	26人	5人		14人	22人	1,145人
60代	5人	4人		4人	4人	628人
70代	2人	0人		2人	0人	171人
合計	68人	30人		65人	47人	4,708人

出所：筆者作成

　これを基に年代と語の単相関係数の最大化から、2元マップを作成する（図4-15参照）。

　分析の結果、年代によって関心事に相違がみられることがわかった。

　解析の結果、震災復興に特に関心が高いと思われるのが40代であることが示された。

〈年代別関心事〉

　　20代：風呂　　　　　　　　30代：温泉（風呂）・朝食

　　40代：復興・ボランティア　60代：被災・見る・食事

　なお、各ノードのXY軸の座標は表4-18の通りである。

（5）結果の考察

　テキストマイニングの結果、震災の約1年後のレビューデータからは、未だ震災関連のワードが並び、復興に関心のある層が訪れていることが伺える。

　その中でも、年代別にみると、40代層で復興やボランティアを意識していることが示された。この為、復興応援ツアーなどを企画する場合には、同年代層をターゲットとした旅行商品の販売を展開すると比較的高い効果が望めるものと考えられる。また、本解析手法を用いて継続的な調査を行うことで、訪れる人の意識変化についても分析することができると考える。

135

第 4 章　余暇活動と観光ニーズ

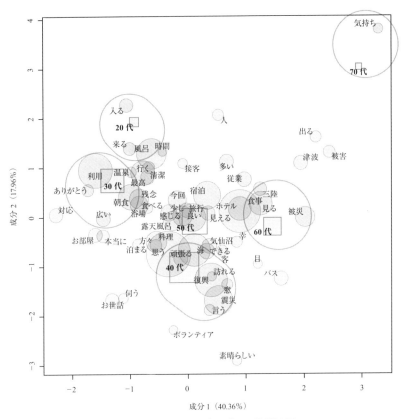

図 4-15　コレスポンデンス分析結果

出所：筆者解析結果

第3節　観光地の魅力とテキストマイニングに基づく観光需要分析

表4-18　ノードのXY軸座標

label	x（成分1）	y（成分2）	label	x（成分1）	y（成分2）
気持ち	3.29602865	3.79962563	思う	−0.33388625	−0.7438715
利用	−1.5851392	0.94867547	感じる	−0.08517311	0.02306732
対応	−2.2706777	0.0504361	方々	−0.54701591	−0.5709853
出る	2.21219253	1.6125211	浴場	−0.68300379	0.18737736
被災	2.02493526	−0.00331	広い	−1.45129211	−0.0332427
被害	2.44152518	1.30995407	伺う	−1.11973475	−1.6354074
見る	1.26214042	0.26936469	できる	0.331163341	−0.6910024
震災	0.52923651	−1.6878098	ボランティア	−0.25139161	−2.2853603
頑張る	−0.1178191	−0.842548	三陸	1.255927165	0.56161602
バス	1.60786042	−1.2502799	最高	−0.6836991	0.80799979
津波	1.95330048	1.09056356	幸	0.849061569	−0.5070386
お部屋	−1.5917615	−0.3552565	食べる	−0.83229346	0.24612137
素晴らしい	0.84197818	−2.9053078	本当に	−1.46024047	−0.3766666
ホテル	0.90154625	0.11447134	食事	0.903631207	0.16662634
お世話	−1.3063679	−1.6700348	今回	−0.17386487	0.33961932
温泉	−0.9718283	0.91371798	訪れる	0.415872347	−1.2018606
風呂	−0.6196774	1.28303909	泊まる	−0.85485264	−0.5507012
時間	−0.4268162	1.33301728	海	0.115255993	−0.6682345
入る	−1.0469451	2.26489361	残念	−0.83282776	0.36825342
復興	0.40276759	−1.2784262	言う	0.375321989	−1.8844022
朝食	−0.9732715	0.41126622	多い	0.677465217	1.12129036
少し	−0.3169182	0.08633312	清潔	−0.66142889	1.00433971
従業	0.97985621	0.75868167	見える	0.355846743	0.08062395
旅行	−0.0162933	0.13940073	接客	−0.07977343	1.08708474
人	0.53632504	2.06112409	良い	0.079797449	−0.0099769
気仙沼	0.37271678	−0.5841777	料理	−0.53579364	−0.4949207
露天風呂	−0.2563401	−0.0765235	客	0.595466374	−0.6849767
来る	−0.9957263	1.38850844	20代	−0.91886265	1.93037837
ありがとう	−1.7183705	0.547602	30代	−1.29171373	0.74648698
窓	0.68044835	−1.3698948	40代	−0.06005654	−1.0180696
行く	−0.7664099	0.89503018	50代	0.128848691	−0.0788212
宿泊	0.3413112	0.43488993	60代	1.463722259	−0.1963762
日	1.21053873	−0.9581348	70代	2.954574389	3.03015879

出所：筆者解析結果

第4節　石巻市観光における北上葦原の価値

1　研究の背景と目的

　第3章で石巻市の観光資源を取り上げたが、代表的な観光名所に石巻市の観光パンフレットでも掲載される北上葦原（よしはら）が挙げられる。かつて宮城県石巻市を流れる北上川の河口口には国内最大級の葦原が広がっていた。その美しい景観「北上葦原」は石巻市を代表する観光名所ともなっていた。また同時に、葦原は景観だけでなく、葦を利用したスダレや茅葺屋根を生産することで、地域住民の生活を支える貴重な財産でもあった。北上川周辺には葦の管理に携わる集落があり、120ヘクタールにものぼる葦原は、集落毎に住民と茅葺屋根の施工会社が一緒になって手入れを行い、冬季には刈り、葦製品に使用してきた。

　ところが、2011年3月11日に発生した東日本大震災は、多くの人命や財産を奪い、葦原の美しい景観を破壊してしまった。津波の高さは、牡鹿地区の観測地点で最大8.6m以上を記録し、平成23年10月末集計で、死者2,978名、行方不明者669名、また、平野部の約3割に当たる中心市街地を含む沿岸域の約73 km^{2}が浸水し、被災住家は全住家数の約7割の53,472棟、うち約4割の22,357棟が全壊となった。沿岸域においては、工場や事業所をはじめ、学校・病院・総合支所等の公共施設が壊滅的な被害を受け、本市全域でライ

北上葦原（著者撮影）

第4節　石巻市観光における北上葦原の価値

フラインが停止し、都市としての機能が失われた。震災後の最大避難者数は約 50,000 人、250 カ所の避難箇所が設置され、在宅避難者を含めた最大食料配布人数は約 87,000 人（平成 23 年 3 月 17 日時点）と想定の域を大きく上回る事態となった。さらに地震に伴う地盤沈下も深刻で、牡鹿地区鮎川の 120 cm 沈下をはじめ、市内の広範囲で地盤沈下や液状化が発生したという。

そして、北上川でも津波が川を上り、大量のがれきや土砂が葦原を覆い、およそ 7 割が水没してしまう。同時に、葦原を保守してきた人も津波に飲み込まれてしまったことから、今後の葦原保守の継続性が危ぶまれている。

現在、石巻市では数多くの観光振興事業が予定されているが、北上川沿いの散策路整備はあっても、北上葦原の復旧保全活動については、市民の声として挙げられているものの、具体的な事業として盛り込まれてはいない。

そこで本節では、北上葦原の観光資源としての価値を定量的に測定することを目的に、産業連関分析及び仮想市場評価法（Contingent Valuation Method）による分析を試みた。

2　産業連関分析

第 3 章での観光被害額推計と同様に、七十七銀行が公表した石巻市産業連関表（平成 17 年表）を基に震災年に当たる 2011 年の北上葦原の毀損による観光損失額を推計した。

2011 年に北上川周辺を訪れた観光客数は 3,500 人と前年に比べ、実に 30,948 人も減少してしまった。そして、この減少数及び「平成 23 年宮城県観光統計概要」で示される日帰り率、県外観光客比率、一人当たり平均消費支出額から、表 4-19 の通り、最終需要減少額を算出することができる。

算出された最終需要減少額（ΔF）から表 4-20 で示す平成 17 年石巻市産業連関表を用いて二次間接効果までの観光損失額（ΔX）を推計することができる。

この表 4-20 の石巻産業連関表から次の手順で経済波及効果モデルを示すことができる。モデルを式で表すと次のようになる。

139

第4章　余暇活動と観光ニーズ

表 4-19　最終需要減少額（ΔF）

	宿泊客	日帰り客	総額
県内客	35,403 千円	102,753 千円	138,155 千円
県外客	159,970 千円	69,083 千円	229,053 千円
総数	195,373 千円	171,835 千円	367,208 千円

出所：筆者推計結果

表 4-20　石巻産業連関表

		中間需要		最終需要			生産額
		財	サービス	最終需要	輸出	輸入	
中間投入	財	$_{zz}X_{ij}$	$_{zs}X_{ij}$	$_zF_i$	$_zE_i$	$-\,_zM_i$	$_zX_i$
	サービス	$_{sz}X_{ij}$	$_{ss}X_{ij}$	$_sF_i$	$_sE_i$	$-\,_sM_i$	$_sX_i$
粗付加価値部門		$_zV_j$	$_sV_j$				
生産額		$_zX_j$	$_sX_j$				

zz：財部門から財部門への投入　　zs：財部門からサービス部門への投入
sz：サービス部門から財部門への投入　　ss：サービス部門からサービス部門への投入

出所：筆者作成

〈1〉需給バランス式

$$\begin{pmatrix} _zX_i \\ _sX_i \end{pmatrix} = \begin{pmatrix} \sum_j {}_{zz}X_{ij} + \sum_j {}_{zs}X_{ij} + {}_zF_i + {}_zE_i - {}_zM_i \\ \sum_j {}_{sz}X_{ij} + \sum_j {}_{sz}X_{ij} + {}_sF_i + {}_sE_i - {}_sM_i \end{pmatrix}$$

〈2〉投入係数

　投入係数行列を財部門とサービス部門で小行列に分割すると

$\begin{pmatrix} _{zz}A & _{zs}A \\ _{sz}A & _{ss}A \end{pmatrix} = A$ と表せる。

　これにより需給バランス式は次のように表すことができる。

$$X = AX + F + E - M$$

140

〈3〉 輸入

輸入額は石巻市で生じた生産額に対する中間需要と最終需要額に比例すると仮定する。している。これにより、輸入係数を対角化した行列 $\hat{M}^z$ （財部門の輸入係数行列）、$\hat{M}^s$ （サービス部門の輸入係数行列）と定めると、輸入額は次のように表すことができる。

$$\begin{pmatrix} M^z \\ M^s \end{pmatrix} = \begin{pmatrix} \hat{M}^z & 0 \\ 0 & \hat{M}^s \end{pmatrix} \times \left\{ \begin{pmatrix} {}_{zz}A & {}_{zs}A \\ {}_{sz}A & {}_{ss}A \end{pmatrix} \times \begin{pmatrix} {}_zX \\ {}_sX \end{pmatrix} + \begin{pmatrix} {}_zF \\ {}_sF \end{pmatrix} \right\} \to M = \hat{M}(AX + F)$$

〈4〉 生産額

上記条件より生産額は次のように表せる。

$$X = AX + F + E - \{\hat{M}(AX + F)\} \to \{I - (I - \hat{M})A\}X = (I - \hat{M})F + E$$
$$X = \{I - (I - \hat{M})A\}^{-1}\{(I - \hat{M})F + E\}$$

したがって最終需要減額による経済損失は $\Delta X = \{I - (I - \hat{M})A\}^{-1}(I - \hat{M})\Delta F$ と表せる。

同モデル式に従って分析したところ、$\Delta X = 250,996$ 千円と推計することができた（図4-16参照）。

3 仮想市場評価法

（1）北上葦原の価値

北上葦原の価値にはどのようなものがあるだろうか。日本の音風景100選にも選ばれた美しい音色と景観は訪れる観光客を魅了するという間接的利用価値（indirect use value）を具備してきた。そして、震災によって毀損した同価値は、最終需要減少額に焦点を当て、観光者数の減少に伴って生じる観光損失額を産業連関分析で捉えることで、その金額を推定することができる。

しかし、北上葦原の価値は間接的利用価値の他に、茅葺屋根や簾の材料としての直接的利用価値（direct use value）やマーケットを通さない非利用価値（non–use value）を持つ。非利用価値には、存在価値（existence value）や教育的

第 4 章　余暇活動と観光ニーズ

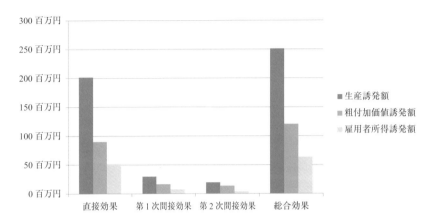

	直接効果	第一次間接効果	第二次間接効果	総合効果
生産誘発額	202 百万円	30 百万円	20 百万円	251 百万円
粗付加価値誘発額	90 百万円	17 百万円	14 百万円	121 百万円
雇用者所得誘発額	52 百万円	8 百万円	4 百万円	64 百万円

図 4-16　観光損失額推計結果及び前提条件

出所：筆者推計結果

(前提条件)
(1) 購入者価格から生産者価格への変換
　　・全国の平成 17 年産業連関表のマージン率及び国内貨物運賃を使用。
(2) 消費転換係数
　　・総務省「家計調査」(平成 22 年)の勤労世帯全国値(消費支出÷実収入)の「0.601」を使用
(3) 消費項目と産業連関表の部門対応
　　・「旅行・観光産業の経済効果に関する調査研究Ⅷ」(国土交通省)に準じた。

利用価値 (educational use value) がある。北上葦原は県内有数のヤマトシジミの産地でもあり、白鳥や絶滅が危惧されているイヌワシが飛来も飛来する豊かな生態系を維持してきた地としての存在価値を有し、その地に住む人々の故郷や地域コミュニティへの愛着を育み、子ども達に文化を伝えるという教育的利用価値を持つ。また、今すぐ消費するわけはないものの、将来の自己利用可能性を念頭に残しておきたいとするオプション価値も備えている (表

第4節　石巻市観光における北上葦原の価値

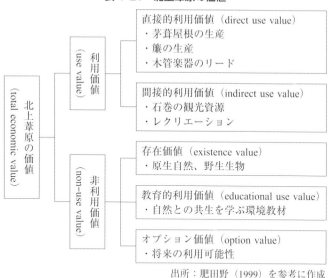

表4-21　北上葦原の価値

出所：肥田野（1999）を参考に作成

4-21参照)。

(2) 仮想市場評価法の歴史

　仮想市場評価法は環境の変化を人々に示し、その変化に対して「いくら支払ってもよい」という支払意思額（WTP：willingness to pay）や「いくらの補償が必要」という受入補償額（WTA：willingness to accept）を問うことで、取引市場を仮想的に作り出し、環境の経済価値を評価する手法である。

　本解析手法は1947年にCiriacy-WantrupがJourna of Farm Ecnomicsに"Capital returns from soil conservation practice（土壌保全活動による投資効率）"で報告したのが最初である。1980年にはラブ・キャナル事件[1]を背景にアメリカ環境保護庁（EPA）はスーパーファンド法（Superfund Law；Comprehensive Environmental Response, Compensation and Liability Act）を制定し、有害廃棄物の投棄者に対して、土壌の利用価値のみならず、自然環境破壊といった非利用価値に対する賠償も問うことができるようになり、1986年に内務省ルールに

143

よって環境汚染評価の手法として位置づけた。

実際に仮想市場評価法が注目を集めた事件に 1989 年の Exxon Valdez 号事件がある。同事件はアラスカの Prince William Sound において Exxon Valdez 号が座礁し、11 m ガロンの原油を流出させた問題で、米国政府は Kenneth Joseph Arrow や Robert Merton Solow など著名な学者を招聘し、NOAA パネルと呼ばれる検討委員会を立ち上げた。そして、同委員会で賠償額を審議した結果、エクソン社は油の清掃費や損害賠償金等として約 $2.5 bn の支払いを命ぜられることになる。

一方、日本での仮想市場評価法に基づいた社会的取組みとして、神奈川県の水源環境保全税の導入が挙げられる。2002 年に神奈川県は税の導入に向けた県民アンケート調査を行い、その結果、水源環境の保全に対する 1 世帯当たりの支払い意志額は年 3,673 円、県民全体で約 125 億円との分析結果を公表した。そして、県は 2007 年に水環境保全・再生実行の財源として「水源環境税保全税（個人県民税の超過課税）」の導入を決議。県民税に県民税均等割で 300 円、県民税所得割の税率に 0.025 ％の上乗せを決定が下されることとなった。

(3) 仮想市場評価法の設計

仮想市場評価法は非利用価値（non-use value）の財貨・サービスに対して仮想的な市場を設定し、その価値を金額的に推測しようとする手法である。仮想市場評価法で推計される評価額は Hicks の提起した補償余剰の概念に基づいている。

図 4-17 は北上葦原の景観質改善と補償余剰の関係性を表したものである。曲線 U は無差別曲線で、この曲線上ではどの時点でも同じ効用を得ている

1）1978 年に米国ナイアガラ滝近くのラブキャナル運河（ニューヨーク州）で、化学合成会社が投棄した農薬・除草剤などの廃棄物を原因とする汚染事件。問題発覚後、運河は埋立てられ、土地は売却、当時のカーター政権は 300 万ドルを費やして 700 世帯の移転を決定した。

第 4 節　石巻市観光における北上葦原の価値

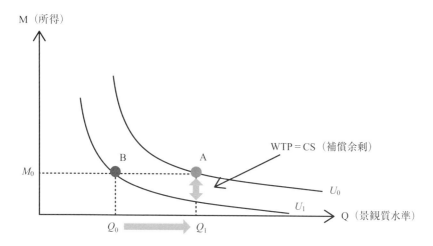

Q_0：現状の北上葦原の景観質水準　Q_1：保全活動後の景観質水準
図 4-17　北上葦原の景観改善と補償余剰

出所：筆者作成

ことを表す。震災前の市民の所得は M_0、景観質水準は Q_1、効用水準は A 点で示される U_0 の水準であった。しかし、震災後の津波で北上葦原は多大な被害を受け Q_0 に落ちてしまい、効用水準も B 点で示される U_1 水準まで落ち込んでしまう。そこで元の景観質水準 Q_1 を取り戻す為に回答者が支払っても構わない金額（WTP）を同図において示すと、CS（compensating surplus：補償余剰）で表される金額となる。そして、この一人当たりの支払意思額（WTP）に北上川を訪れる観光者数を掛け合わせることで、北上葦原の景観価値を算出することできる。

　本手法はアンケート調査を必要とする。アンケート調査で尋ねる支払意思額の回答方式には①自由回答方式、②付け値ゲーム方式、③支払いカード方式、④ 2 項選択方式（シングルバウンド）、⑤ 2 段階 2 項選択方式（ダブルバウンド）がある（表 4-22 参照）。

　今回の調査では、Hanemann, M., Loomis et al.（1991）で推奨されている 2 段階 2 項選択方式を採用した。同方式による調査は 2 項選択方式（シングル

第 4 章　余暇活動と観光ニーズ

表 4-22　支払意思額の回答方式

回答方式	内容	特徴・課題
自由回答方式 （open-ended question）	回答者に評価対象（機能）に対して幾ら支払うか（支払意思額）を自由に回答してもらう方法	この方式は、最も単純な方法である。しかし、普段の生活の中で考えたことも無いような価値の評価を求めるため、回答者が困惑し、無回答が多くなる傾向にあり、信頼性が低いことが指摘されている。
付け値ゲーム方式 （bidding game）	回答者にとっての最大支払意思額に到達するまで、金額を上下させ、次々に支払意思額を提示していく方法	最初の提示額に影響を受ける可能性がある。また、郵送法での実施は困難である。
支払いカード方式 （payment card）	様々な支払意思額が記入されたカードを提示し、その中から回答者が1つ選択するという方法	自由回答方式のような無回答の頻発や付け値ゲームのような初期値に関するバイアスも存在しないが、提示したカードの範囲内に回答が集約されてしまうことは避けられず、信頼性の低さが指摘されている。
2項選択方式 （dechotomous choice）	ある1つの付け値を提示し、回答者がその提示額以上の支払意思があるかについて「YES」または「NO」を回答する方法	答えやすい手法とされている。
2段階2項選択方式 （double-bounded dichotomous choice）	2項選択方式のうち、統計的精度を高める目的で2回聞く方法	バイアスが小さい手法とされている。

出所：国土交通省「仮想的市場評価法（CVM）適用の指針」を基に筆者作成

バウンド）と比べても、情報量（対象数）の少なさを補い、統計学的にも効率性の高い推計を行うことができる（This "double-bounded" approach is shown to be asymptotically more efficient than the conventional, "single-bounded" approach.）。

調査票は図 4-18 のように第 1 段階での提示額（負担額）を 2,000 円、4,000 円、8,000 円の 3 通りとした。例えば、北上葦原の景観を維持するの

146

第 4 節　石巻市観光における北上葦原の価値

回答方式：2 段階 2 項選択法方式

① 第 1 段階（任意の提示額（initial bid））―3 通りの提示額（T）―

「北上葦原への負担金が年間 2,000 円であれば、あなたは協力してもよいと思いますか。」

「北上葦原への負担金が年間 4,000 円であれば、あなたは協力してもよいと思いますか。」

「北上葦原への負担金が年間 8,000 円であれば、あなたは協力してもよいと思いますか。」

| 1. 賛成（支払ってもよい）　　2. 反対（支払わない） |

② 第 2 段階（2nd bid）
　（ⅰ）第 1 段階で「2,000 円（T）」を提示した方に対し…
　　　（賛成の方）→では（年間 4,000 円（Tu））負担することには、賛成ですか？
　　　| 1. 賛成（支払ってもよい）　　2. 反対（支払わない） |
　　　（反対の方）→では（年間 1,000 円（Td））負担することには、賛成ですか？
　　　| 1. 賛成（支払ってもよい）　　2. 反対（支払わない） |

　（ⅱ）第 1 段階で「4,000 円（T）」を提示した方に対し…
　　　（賛成の方）→では（年間 8,000 円（Tu））負担することには、賛成ですか？
　　　| 1. 賛成（支払ってもよい）　　2. 反対（支払わない） |
　　　（反対の方）→では（年間 2,000 円（Td））負担することには、賛成ですか？
　　　| 1. 賛成（支払ってもよい）　　2. 反対（支払わない） |

　（ⅲ）第 1 段階で「8,000 円（T）」を提示した方に対し…
　　　（賛成の方）→では（年間 16,000 円（Tu））負担することには、賛成ですか？
　　　| 1. 賛成（支払ってもよい）　　2. 反対（支払わない） |
　　　（反対の方）→では（年間 4,000 円（Td））負担することには、賛成ですか？
　　　| 1. 賛成（支払ってもよい）　　2. 反対（支払わない） |

図 4-18　本調査における質問票

出所：筆者作成

に 2,000 円の負担をお願いすると仮定し、それに「賛成」するか「反対」の立場を取るかを回答してもらう。回答者は 2,000 円を負担することで、北上葦原の景観が回復されるとした際に得られる効用と、負担を拒否し、結果として廃れてしまった際の効用を比較考量して回答することになる。北上葦原が回復された際の効用を高く評価する回答者であれば、2,000 円の負担に「賛成」と答えるだろう。一方、景観保全に 2,000 円の負担は高いと判断する回答者は「反対」と答えるはずである。そして、第 1 段階で負担金に賛成した者には倍の金額を、反対した者には半額を提示する第 2 段階目の質問項目を設け、第 1 段階と同様に「賛成」するか「反対」するかを尋ねる調査票を設計した。もちろん、提示金額は、一般に高い金額が提示されると、「賛成」と答える確率は低くなる。また、逆に低い金額が提示されると、「賛成」と答える確率は高くなる。

　アンケート調査の結果を基に価値測定を行うことになるが、その為には回答者の効用関数を定める必要がある。回答者が負担金を捻出（選択肢を決定）し、それによって景観が改善されることで得られる満足、すなわち効用の測定には、主に生存分析モデル、支払意思額関数モデル、ランダム効用モデルが使用される。本書ではランダム効用モデルを用いて推計を行った。同モデルは、効用を観察可能な代表的効用と、観察不可能な誤差項に分け、選ばれた選択肢の確率を求めるものである。たとえば、回答者 a が m 個の選択肢の中から 1 つを選ぶ場合を考える。回答者 a が選択肢 c を選択した時に得られる効用を U_{ac} とおく。ちなみに、回答者 a が選択肢 c を選ぶ必要十分条件は、選択肢 c から得られる効用 U_{ac} が他の選択肢（$m, m \neq c$）から得られる効用 U_{am} よりも大きいことである。

　　$(U_{ac} > U_{am}, \ c \neq m)$

　ここで回答者 a の効用を、選択肢（負担金）の固有属性 x_{ac} と、性別や年齢などの個人属性 s_a から構成されると仮定する。また、効用関数を $V_{am} = V(x_{am}, s_a)$、誤差項を ε_{am} とすると、$U_{ac} = V_{ac} + \varepsilon_{ac}, \ c = 1, 2, \dots m$ と定義できる。

そして、回答者 a が選択肢 c を選ぶ選択確率は次のように示される。

$$
\begin{aligned}
P_{ac} &= Pr(U_{ac} > U_{am}) \\
&= Pr(V_{ac} + \varepsilon_{ac} > V_{am} + \varepsilon_{am}) \\
&= Pr(V_{ac} - V_{am} > \varepsilon_{am} - \varepsilon_{ac}) \\
&= Pr(\Delta V > \varepsilon_{am} - \varepsilon_{ac}) = 1 - G(T) \quad G : 分布関数
\end{aligned}
$$

なお、ΔV は観測可能な効用関数の差分、$G(T)$ は分布関数であり、ロジスティック分布に従うと仮定すると、$G(T) = [1 + e^{-\Delta V}]^{-1}$ と定義できる。

このランダム効用モデルを2段階2項選択方式（double-bounded dichotomous choice）に拡張する。本方式では、回答者に対して提示額が2度示されることになる。最初の提示額 T に対して、賛成と答えた人にはより高い金額 T_u が、反対と答えた人にはより低い金額 T_d が示される。

ここで、改めて表記形式を整理したうえで、各回答の確率を式展開すると次のようになる。

（ⅰ）表示形式

T※	1番目の提示額
Tu※	2番目の提示額（1番目の提示額に「はい」と答えた人向け）
Td※	2番目の提示額（1番目の提示額に「いいえ」と答えた人向け）
yy	1番目：「はい」　　2番目：「はい」
yn	1番目：「はい」　　2番目：「いいえ」
ny	1番目：「いいえ」　2番目：「はい」
nn	1番目：「いいえ」　2番目：「いいえ」
P^{yy}	yy　「はい⇒はい」　　の回答が得られる確率
P^{yn}	yn　「はい⇒いいえ」　の回答が得られる確率
P^{ny}	ny　「いいえ⇒はい」　の回答が得られる確率
P^{nn}	nn　「いいえ⇒いいえ」の回答が得られる確率

※ $Td < T < Tu$ とする。

第4章　余暇活動と観光ニーズ

（ⅱ）各回答の確率

$$Pr[Yes/Yes] = P^{yy}(T_a, Tu_a) = Pr\{T_a < Tu_a \leq max\ WTP_a\} = 1 - G(Tu_a)$$

$$Pr[Yes/No] = P^{yn}(T_a, Tu_a) = Pr\{T_a \leq max\ WTP_a < Tu_a\} = G(Tu_a) - G(T_a)$$

$$Pr[No/Yes] = P^{ny}(T_a, Td_a) = Pr\{Td_a \leq max\ WTP_a < T_a\} = G(T_a) - G(Td_a)$$

$$Pr[No/No] = P^{nn}(T_a, Td_a) = Pr\{max\ WTP_a < Td_a < T_a\} = G(Td_a)$$

　ここで、ΔV を対数線形モデル（$\Delta V = \alpha \cdot ln\ T_a + \beta$）として最尤法を用いてパラメータ α、及び β を推計する。まず、対数尤度関数は次式で表せる。

（対数尤度関数）

$$
\begin{aligned}
ln\ L &= \sum \{If_a \cdot Is_a \cdot ln\ \underline{P^{yy}(T_a, Tu_a)} + If_a(1 - Is_a)ln\ \underline{P^{yn}(T_a, Tu_a)} \\
&\quad + (1 - If_a)Is_a\ ln\ \underline{P^{ny}(T_a, Td_a)} \\
&\quad + (1 - If_a) \cdot (1 - Is_a)\underline{ln\ P^{nn}(T_a, Td_a)}\}
\end{aligned}
$$

$$
= \sum
\begin{bmatrix}
If_a \cdot Is_a \cdot ln\{1 - \underline{G(Tu_a)}\} + If_a(1 - Is_a)ln\{\underline{G(Tu_a)} - \underline{G(T_a)}\} \\
+ (1 - If_a)Is_a\ ln\{\underline{G(T_a)} - \underline{G(Td_a)}\} \\
+ (1 - If_a) \cdot (1 - Is_a)\ ln\{\underline{G(Td_a)}\}
\end{bmatrix}
\cdots ①
$$

但し、

$$G(Tu_a) = \{1 + exp(-\alpha \cdot ln\ Tu_a + \beta)\}^{-1}$$

$$G(Td_a) = \{1 + exp(-\alpha \cdot ln\ T_a + \beta)\}^{-1}$$

また、If_a、及び Is_a はダミー変数で、

　$If_a = 0$：1番目の提示額（T）に対して「はい」と回答

　$If_a = 1$：1番目の提示額（T）に対して「いいえ」と回答

　$Is_a = 0$：2番目の提示額（Tu, Td）に対して「はい」と回答

　$Is_a = 1$：2番目の提示額（Tu, Td）に対して「いいえ」と回答

150

そして、対数尤度関数（①式 lnL）の最大化 $\left(\frac{ln L}{\partial \beta} = 0, \frac{ln L}{\partial \alpha} = 0\right)$ により $(\hat{\alpha}, \hat{\beta})$ を推計する。この推計結果から、支払意思額（WTP）の平均値（$meanWTP$）および中央値（$medianWTP$）を求めると次のようになる。

$$meanWTP : \int_0^\infty P(T) dT = \int_0^\infty \frac{1}{1 + exp(-\hat{\alpha} \cdot ln T_a + \hat{\beta})} dT$$

$$medianWTP : 0.5 = \int_0^\infty \frac{1}{1 + exp(-\hat{\alpha} \cdot ln T_a + \hat{\beta})} dT$$

なお、アンケート調査は 2012 年 9 月 22 日（土）、及び 23 日（日）に「特定非営利活動法人りあすの森」「ロマン海遊 21（石巻市観光物産情報センター）」、及び「ホテルニューさか井」の各施設内に回収箱を設置し、訪れた人に協力をお願いする方法を用いた。

回収箱設置期間は同日より 2012 年 3 月 31 日までとした結果、64 人の方から回答を得ることができた。

(4) 解析結果

受諾率と支払意思額の関係は、図 4-19 のような曲線になった。因みに横軸は提示額（円）、縦軸は賛成と答える確率である。曲線は、提示額が高く

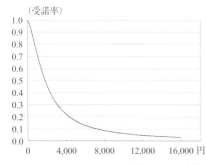

図 4-19　支払意思額の解析結果

出所：筆者解析結果

第4章　余暇活動と観光ニーズ

なればなるほど、賛成と回答する確率が低くなることを示している。

　解析の結果、支払意思額は中央値で1,828円、平均値で3,057円となった。そして、この支払意思額、及び平成22年に北上川を訪れた観光客数（34,448人）から北上葦原の非利用価値を算出することができる。便益の総和を求めるという観点から平均値を使用する妥当性がある一方で、50％の受諾率の値を取る中央値にも政策的な意義が大きいことから、本書では両者の推計値を算出した。

　この結果、中央値を用いた場合の非利用価値は約6,297万円であり、平均値を用いた場合の非利用価値は約1億531億円であった。石巻市では2012年度に6,900万円の予算が計上（市民一人当たりに換算すると約460円）され、北上川の河川整備計画（プロムナード計画）が練られている（平成28年度石巻市の当初予算では同事業に関する経費として、実施設計業務委託料が2,670万円、市街地防災堤防活用整備工事に6,800万円が計上されている。）が、北上葦原の復旧・維持については、市民の声として挙げるに留まり、具体的なことは触れられていない。本節では、北上葦原の観光資源としての価値に注目し、産業連関分析、及び仮想市場評価法を用いて金銭的な測定を試み、一定の価値があることを確認することができた。河川整備計画の実施計画策定時など詳細な設計段階においては、葦原の観光資源価値も念頭に置いた調査が必要である。

第5節　コンジョイント分析による石巻復興応援ツアー

1　研究の背景

　レジャー白書によると2012年の余暇市場は64兆7,272億円に達し、東日本大震災後は2年連続で国内観光旅行が最も選択された余暇活動であった。震災後の東北観光では、数多くの被災地応援ツアーが組まれ、ボランティアや教育旅行で多くの人々が訪れ、支援の輪が広がっている。震災を契機とし

152

第5節　コンジョイント分析による石巻復興応援ツアー

て生まれた人々の絆や支え合いの輪は被災地復興の力になると感じられた。

前節で取り上げた北上葦原でもNPOを中心に瓦礫清掃ボランティア事業が実施されており、震災後、多くの参加者が全国から駆けつけている。

北上葦原での瓦礫清掃ボランティア（筆者撮影）

そこで、石巻市を訪れる場合、ボランティア体験を含め、どのようなプランを組めば観光客に人気が出るのか。この点が明らかになれば、石巻市をはじめとする被災地域における着地型観光として新たな旅行商品を企画することができると考えた。本節では新商品開発の際に実務で利用されるマーケティング手法、コンジョイント分析を行ない、人気の出る旅行商品について考察した。

2　先行研究と知見

旅行商品の開発に当たっては、観光資源の他、宿泊施設のグレードや食事など、どのような要素が消費者を魅了するのかを考えることが大切になってくる。

久保・庄子他（2011）はコンジョイント分析を用いて知床のエコツアーに対する選好を調査した。属性を「ツアーの目的」「ガイドの説明」「同行人数」「エゾシカがみられる確率」「ヒグマが見られる確率」の5つとし、属性毎に2つの水準を設けて調査を行っている。

また、一場・安類他（2008）は、自然ガイドツアーを対象にコンジョイント分析を行っており、「参加人数」「ガイド料金」の2属性、各3水準として

153

第 4 章　余暇活動と観光ニーズ

選好を調査している。

　以上のようなコンジョイント分析を利用した観光選好研究により定量的な
分析が進められているが、被災地復興ツアーを対象に分析された研究は少な
く、震災復興の観点からも調査を行う意義は大きいと思われた。

3　コンジョイント分析のフレームワーク

　コンジョイント分析（Conjoint Analysis）はスモールデータでも実験可能な
分析手法であり、AHP 分析と同様に企業の商品開発でしばしば利用される。
コンジョイントの由来は、消費者が製品・サービスを定義する各属性を連結
して評価する、つまり連結を意味する "conjoin" または "consider jointly"
であるとされている。分析では、消費者は製品・サービス全体から得られる
価値あるいは効用（全体効用）に対して「製品・サービスを構成する属性か
ら得られる個別の効用（部分効用）を合計して評価している」という仮定を
置く。また、色や形など製品・サービスを構成する要因を "属性" とし、色
なら赤色や黄色、形なら丸や三角などのように属性の取る値を "水準" と称
する。本分析は、リサーチャーが各属性の水準を選んで組み合わせること
で、先ず仮想的な製品・サービスを構築し、さらにこれを被験者に提示し、
評価をしてもらうという手法を採る。

　本節では、法政大学の大学院生及び教員を対象（有効サンプル数 19 名（うち
1 名の回答が欠損））に 2013 年 7 月 23 日、29 日、31 日に実施したアンケート
調査を基に分析を行い、旅行者に好まれる石巻市観光のツアープランを組み
立てた（表 4-23 参照）。なお、本調査も AHP 分析と同様にスモールデータに
よる分析[2]であり、実際の商品開発では、より大規模な調査が望ましいと思

2）スモールデータにおけるコンジョイント分析の有効性は代（1999）が『コンジョ
　イント分析』（データ分析研究所）において、『問題によっては、少人数（例えば 10
　人～20 人）で長時間の実験を行った方が適当な場合も多いし、かなり利用価値の高
　いものである。』とし、スモールデータによる同分析の有効性について触れている。

154

第 5 節　コンジョイント分析による石巻復興応援ツアー

表 4-23　ツアープランの基本情報

基本情報	
ツアー工程	1 泊 2 日（東京駅発の石巻ツアー）
交通費	別途負担（往復運賃：22,780 円）
宿泊料金	温泉宿の場合：8,750 円　温泉無し宿の場合：6,167 円
観光王ション	観光周遊バス＋語り部ガイドのオプションツアー（昼食付）で料金 3,000 円
ボランティア体験	北上葦原の瓦礫清掃ボランティアで料金 0 円

われるが、本結果は有効な観光パッケージを探るうえで、1 つの有益な示唆を与える結果であるといえよう。

　なお、アンケートを実施するに当たって、プロファイリングカードの属性及び水準を表 4-24 のように設定した。

　5 属性の組合せは全パターンを想定すると 48 通りになり、全プロファイルを作成し、被験者に選択してもらうことは現実的ではない。そこで、直交表（orthogonal array）を用いてプロファイリングカードの組替えを行った。直交表とは、どの配列を取っても同じ組み合わせが同じ数だけある（直交している）性質を備えた配列で各属性を表す列が互いに無相関となるよう作られる。この性質を利用すると、プロファイルに表示する属性と水準の最小限の組合せを偏りなく、組成することができる。この結果、今回のケースでは、図 4-20 で表される 12 枚のプロファイリングカードを作成できた。

　12 枚のプロファイリングカードを用いて、被験者に対して質問を行うことになるが、コンジョイント分析では完全プロファイル評定型、ペアワイズ評定型、選択型の 3 タイプの質問形式がある（表 4-25 参照）。本節では属性もそれほど多くないことから、完全プロファイル評定型を選択し、被験者には 12 枚のカードを選好順に 1 番から 12 番まで並べてもらう方法を選択した。

　本分析では、完全プロファイル評定型を選択し、プロワイリグカード数（12 枚）×被験者数（19 人）の総数 228 のデータを基に効用関数モデルを推計した。

第4章　余暇活動と観光ニーズ

表4-24　プロファイリングカードの属性及び水準

属性	水準	設定根拠
宿泊施設	温泉宿、温泉無し（2水準）	旅行関連のTVや雑誌では必ずと言っていいほど、温泉特集が組まれており、欠かせない要素（属性）ではないか。
夕食	有り、無し（2水準）	旅の魅力に食事は重要であり、1泊2日旅行の場合、夕食は欠かせない要素（属性）ではないか。
観光オプション	有り、無し（2水準）	被災地に学びを求めて訪れる者は語り部ガイドツアーのような要素（属性）は必要とされるはずだろう。
ボランティア体験	1日、半日、無し（3水準）	純粋に被災地復興の為にボランティアで訪れる者も多く、復興ツアーには重要な要素（属性）といえるだろう。
自由時間	半日、無し（2水準）	ツアーには自由時間も必要な要素（属性）と思われる。

No	A
宿泊施設	温泉宿
夕食	無し
観光オプション	有り
ボランティア体験	無し
自由時間	半日

No	B
宿泊施設	温泉無し
夕食	有り
観光オプション	有り
ボランティア体験	半日
自由時間	半日

No	C
宿泊施設	温泉宿
夕食	無し
観光オプション	有り
ボランティア体験	無し
自由時間	無し

No	D
宿泊施設	温泉無し
夕食	有り
観光オプション	有り
ボランティア体験	無し
自由時間	無し

No	E
宿泊施設	温泉無し
夕食	無し
観光オプション	有り
ボランティア体験	半日
自由時間	無し

No	F
宿泊施設	温泉宿
夕食	無し
観光オプション	無し
ボランティア体験	1日
自由時間	半日

No	G
宿泊施設	温泉無し
夕食	無し
観光オプション	無し
ボランティア体験	1日
自由時間	無し

No	H
宿泊施設	温泉無し
夕食	有り
観光オプション	有り
ボランティア体験	1日
自由時間	無し

No	I
宿泊施設	温泉宿
夕食	有り
観光オプション	無し
ボランティア体験	1日
自由時間	半日

No	J
宿泊施設	温泉無し
夕食	有り
観光オプション	有り
ボランティア体験	無し
自由時間	無し

No	K
宿泊施設	温泉宿
夕食	有り
観光オプション	無し
ボランティア体験	半日
自由時間	無し

No	L
宿泊施設	温泉無し
夕食	無し
観光オプション	無し
ボランティア体験	無し
自由時間	半日

図4-20　プロファイリングカード

出所：直交法に基づき筆者作成

第5節　コンジョイント分析による石巻復興応援ツアー

表 4-25　質問形式と特徴

完全プロファイル評定型	ある1つのプロファイルを回答者に提示して、そのプロファイルの好ましさを尋ねることで評価を行う方法。個人別に属性単位の評価を行うことができる。ただし、すべての属性を含む完全プロファイルを用いるため、属性が多いと質問票が飛躍的に増加してしまう。
ペアワイズ評定型	2つの対立するプロファイルを提示して、どちらがどのくらい好ましいかを尋ねることで評価を行う方法。個人別に属性単位の評価を行うことができる。属性数が多いと重要な属性が過少評価される可能性が指摘されている。
選択型	複数のプロファイルを回答者に提示して、最も好ましいものを選択してもらうことで評価を行う方法。個人別の属性単位の評価を行うことができない。

出所：岡本（1999）を参考に筆者整理

プロファイル j（$j=1\sim12$）の属性を X_j^k（$k=$属性）とする。このとき、プロファイル j を選択する個人 i の効用関数は次式のように表すことができる。

$$U_{ij} = V_{ij} + \varepsilon_j \qquad j = 1, 2, \cdots 12$$

ただし、V_{ij} は効用のうち観察可能な部分、ε_j は観察不可能な部分である。また、V_{ij} をプロファイルの線形関数として表すと次式のようになる。

$$V_{ij} = \sum_{k=1}^{n} \beta_k \, X_j^k + \varepsilon_{ij}$$

β_k（$k=1, \cdots, n$）（本節の分析では $n=5$）は推定パラメータを示す。この式で、e_j がガンベル分布に従うと仮定すると、個人 i がプロファイル j を選択する確率 P_{ij} は $P_{ij} = \dfrac{exp(V_{ij})}{\sum_j exp(V_{ij})}$ となり、対数尤度関数は $log L = \sum_i \sum_j d_{ij}$

$ln \dfrac{exp(V_{ij})}{\sum_j exp(V_{ij})}$ と示すことができる。そして、最尤法によってパラメータ β を求める。

なお、d_{ij} は回答者 i がプロファイル X_j^k を選択したときに 1 となるダミー変数である。

157

第 4 章　余暇活動と観光ニーズ

4　解析結果

解析の結果、語り部ガイドツアー及びボランティア体験をツアーに組み込んだ企画商品が望まれるという結果を得た（表 4-26 参照）。

◆「宿」は温泉宿でなくてよい。
◆「夕食」は用意されていた方がよい。
◆「観光周遊バス語り部ガイドツアー（観光体験ツアー）は組込んだ方がよい。
◆「ボランティア体験」は 1 日あった方がよい。
◆「自由時間」は無くてよい。

表 4-26　コンジョイント分析による解析結果

属性	水準		部分効用	相対重要度	
宿 X_1	温泉宿	X_{11}	−0.0662	0.132	11.2%
	温泉無し宿	X_{12}	0.0662		
夕食 X_2	夕食有り	X_{21}	0.0057	0.011	1.0%
	夕食無し	X_{22}	−0.0057		
観光体験 X_3	観光体験有り	X_{31}	0.2377	0.475	40.4%
	観光体験無し	X_{32}	−0.2377		
ボランティア体験 X_4	無し	X_{41}	−0.1138	0.526	44.6%
	半日	X_{42}	−0.2059		
	一日	X_{43}	0.3196		
自由時間 X_5	無し	X_{51}	0.0165	0.033	2.8%
	半日	X_{52}	−0.0165		

出所：筆者解析

相対的重要度

第 i 番目の属性について、最も大きい水準の部分効用を X_{max_i}、部分効用の最小値を X_{min_i} とすると、第 i 属性の重要度は、

$$I_i = \frac{(X_{max_i} - X_{min_i})}{\sum_{i=1}^{n} (X_{max_i} - X_{min_i})}$$ で表せる。

第5章

観光振興に向けて

第1節　震災の記憶とコンテンツ化

　前章ではアンケート調査に基づく AHP 分析やテキストマイニングから休日の余暇活動に対し、私達はどのようなニーズを持ち、観光に何を求めるのかを解析した。その結果、観光は「観国之光利用賓干王」だけで定義されるものではなく、見知らぬ土地で地元の人と会話をして楽しんだり、人助けに時間を割いて感謝を受けることを喜びとして感じたり、自然の脅威や災害の恐ろしさを学ぶために旅に出たりと多様な思いを抱いて観光に出かけることが明らかとなった。そして、石巻市観光を対象に行ったコンジョイント分析の結果から、語り部から被災体験談を聞いたり、ボランティアを体験するなど "震災の記憶" を肌で感じるオプションは観光コンテンツとして有効であることが示された。大手企業等でも単なる親睦会的な意味合いで実施してきた社員研修を被災県でのボランティア研修に切替える動きも増えてきており、2011 年は「企業のボランティア元年」と言われるほど、企業の支援活動もクローズアップされるようになった。震災被害を負った石巻市においても、こうした動きを掴み、観光コンテンツを磨く取組みは今後の観光政策上、重要との認識から、2012 年度から 2016 年度にかけて「防災ツアー」・「復興ツアー」等の支援事業が実施されている。

　"震災の記憶" は個人の置かれた境遇にもよるが、距離や時間に比例して

脳裡からも離れていく。観測史上最大級のマグニチュード9.0の地震が東北地方を襲い、その後に続いた大津波などで沿岸部を中心に1万8千人を超える犠牲者を出した東日本大震災から2017年3月をもって、6度目の"記憶に残ったあの日"を迎える。復旧・復興には長年を要する一方で、月日の経過は人々の"震災の記憶"を忘却の彼方に押し遣る作用を持つ。今回のような辛く悲しい出来事の忘却は人間の摂理といえるかもしれないが、災害大国に住んでいる私達は震災の悲劇や復旧・復興の姿を歴史の教訓として記憶し、学ばねばならない。東日本大震災以降も台風や地震などの激甚災害[1]は日本各地で起きている。国民一人一人が今回の悲劇と真正面に向き合うべきであり、石巻市を訪れて"震災の記憶"という有形・無形のコンテンツに触れることは、その人にとっては貴重な経験となり、人生の財産となる。

　震災の悲劇を観光コンテンツとして生かしている国がある。インドネシアである。インドネシアは世界有数のリゾート地として人気のあるバリ島をはじめ、数多くの魅力溢れる観光国で、コモド国立公園などの世界自然遺産や1200年も前に建造されたと言われる世界最大級の仏教寺院であるボロブドゥール寺院遺跡群やヒンドゥー教の世界観が垣間見られるプランバナン寺院群など世界文化遺産が存在し、GDPの10%以上を観光で稼いできた。しかし、2004年12月にマグニチュード9.1のスマトラ島沖地震が発生し、その後の津波などにより22万人を超える死者・行方不明者を出してしまう。スマトラ島最北部のアチェ州では、死者・行方不明者7万人と州人口のおよそ3分の1の犠牲者を出した。そのアチェ州では"震災の記憶"を観光コンテンツ化する取組みを進め、現在では陸地に揚げられた大型発電船が残される津波教育公園（Tsunami Educational Park）や津波博物館（Museum Tsunami Aceh）が整備され、世界中から多くの外国人観光客が訪れているという。

――――――――――――――

1) 1962年成立の「激甚災害に対処するための特別の財政援助等に関する法律」に基づいて指定された災害で、第2条第1項に「国民経済に著しい影響を及ぼし、かつ、当該災害による地方財政の負担を緩和し、又は被災者に対する特別の助成を行なうことが特に必要と認められる災害が発生した場合には、当該災害を激甚災害として政令で指定するものとする。」とある。

第 1 節　震災の記憶とコンテンツ化

　日本でも不幸な歴史を風化させず世界に復興する姿を発信し、観光コンテンツ化させた事例がある。広島の原爆ドーム、長崎の平和記念像、沖縄のひめゆりの塔である。戦争の記憶といった負の遺産を眼前にして、かつて繰り広げられた不幸な出来事を見聞きする観光形態は、教育旅行等を通じて既に定着しており、近年では個人旅行や訪日外国人の旅行先としても選択されるようになってきた。
　広島の公益財団法人広島平和文化センター運営の平和記念資料館の入館者数は毎年度 100 万人を超え、外国人比率も 2013 年度には 14.5％の 20 万人を突破した（図 5-1 参照）。2017 年 5 月には、オバマ米大統領が同資料館を訪れ、「We have known the agony of war. Let us now find the courage, together, to spread peace, and pursue a world without nuclear weapons.（我々は戦争の苦しみを知った。我々は共に勇気を持ち、平和を広げ、核兵器のない世界を追求しよう）」と記帳した。被災地の復興には相当の時間が見込まれる。石巻市の観光者数動向をみても、観光振興を果たすには時間を要する。しかしながら、広島や長崎のように戦争遺跡や人々の語りを観光コンテンツ化する取組みは中長期的な視野で捉えると有効な方法であるし、災害の脅威を後世に伝えていくうえでも重要なことかと思われる。

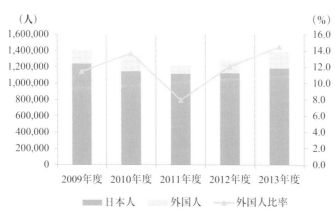

図 5-1　広島平和記念資料館入場者数
出所：広島平和記念資料館公表データを基に筆者作成

オバマ米大統領が被爆者の手を握り、抱き寄せる光景は全世界に発信され、多くの人々に感動を与えた。だが、その光景は、戦後70年以上が経過し、漸くここまで辿り着いたかと思わずにはいられない光景でもあった。被ばくの実相を伝える役割を担ってきた被爆者の平均年齢は最早80歳を超えている。原爆の惨禍を経験した世代の高齢化は着実に進んでおり、被爆地は語り部の継承への対応を迫られている。広島市では2012年より被爆者の体験を語り継ぐため、被爆体験伝承者研修を実施している。研修生が被爆者と師弟関係を結び、約3年間の研修を積み、修学旅行生などに被爆体験を伝える語り部となる試みである。長崎でも、被爆体験朗読ボランティア育成講座が2012年度より開講し、2014年度からボランティアとして認定された人が学校などへ派遣されている。

震災で沿岸部を中心に多くの自治体が被災し、観光コンテンツが失われた。しかし視点を変えてみると、震災遺構や被災体験という後世に伝えるべき出来事が生まれたともいえる。この不幸な出来事は話をする被災者にとっても、また、訪れる者にとっても楽しみや癒しを与える素材ではない。しかし、自然の脅威、防災意識や地域のつながりの大切さを学ぶうえでは大変貴重な資源であり、伝えていくべき遺産といえるコンテンツである。それは、私達は災害大国に住んでいるという事実を再認識することから始まり、震災から人々が立ち上がり、街を復興させていくにはどのような課題に直面し、どのような行動が求められるのかを考えるという訪問者に気づきと備えを与えてくれる貴重なコンテンツとなる。

石巻市には震災遺構だけでなく、個人の被災体験、企業や行政の立場での被災体験や復興への道のり、町内会や商店街の復興に向けた活動など、様々な学ぶべきコンテンツが存在する。このコンテンツは全国はもとより海外の人々にとっても共通に肌で感じられる事柄である。

74人の児童と10人の教師が犠牲となった石巻市立大川小学校。長らく保存の是非が議論されてきたが、2016年3月、教訓の伝承や将来の防災教育に役立つとの見地から市は保存の方針を固めた。

また、震災遺構でいち早く保存に向けた取り組みが進んだ事例がある。

第1節　震災の記憶とコンテンツ化

　第二の震災遺構事例は、復興のシンボル的存在となった岩手県陸前高田市の「奇跡の一本松」である。陸前高田市の防潮林は江戸時代の 1667 年に高田の豪商・菅野杢之助（かんのもくのすけ）によって植栽され、仙台藩と住民の協力によって 6,200 本のクロマツが植えられた。その後、造林が行われ、約 7 万本のクロマツとアカマツから成る松林は岩手県を代表する防潮林として景勝の一つであった。観光資源としても重要な存在であった防潮林が震災の津波によって流され、唯一 1 本だけ残された。この一本松を震災遺構として保存するには、初期費用に 1 億 5,000 万円、完成後の維持管理に年間 20

石巻市立　大川小学校（筆者撮影）

奇跡の一本松（筆者撮影）

万円の費用が必要と試算され、市は「奇跡の一本松保存募金」プロジェクトに取り組んだ。その結果、全国から 1 億 7,950 万円を超える募金が集められた。同市副市長の久保田氏は、一本松保存の反対に対し、市内随一の観光地であった松原が消滅し、震災によって人的経済的資源が多く失われた中で、抜群の知名度を持つ一本松を活用しない手は無いとしたうえで、奇跡の一本松の集客作用によって 10 年間で 5 億円の経済効果があると説いた。

第 5 章　観光振興に向けて

たろう観光ホテル（宮古市 HP 掲載写真）

　第三の震災遺構事例は、岩手県宮古市田老地区にある「たろう観光ホテル」である。田老地区では家屋 435 戸が流出し、161 人の犠牲者を出した。宮古市田老地区は 1896 年の明治三陸地震及び 1933 年の昭和三陸地震の 2 回の津波で壊滅状態になった経験を持つことから、1934 年から 1978 年にかけて防潮堤を建設。1960 年のチリ地震津波では被害は軽微だったものの、今回の地震で壊滅的な被害を受けた地域であった。同ホテルも津波の被害により、6 階建ての 4 階フロアまで浸水し、2 階部分までは壁が破壊され、鉄骨も剥き出しの状態になった。そこで、宮古市は建物を無償で譲り受け、土地を購入。震災遺構として保存されている。宮古観光文化交流協会が「学ぶ防災ガイド」ツアーを行っており、2016 年 8 月時点で既に累計 10 万人以上の見学者が訪れているという。

　このような震災遺構を行政はどう捉え、どのようにして選定されたのか。
　2013 年 11 月、復興庁は震災遺構の保存に対する支援として次の対応方針を示している（復興庁「震災遺構の保存に対する支援について」）。

① 各市町村につき、1 箇所までを対象とする。
② 保存のために必要な初期費用を対象とする（目安として、当該対象物の撤去に要する費用と比べ過大とならない程度を限度とする）。
③ 維持管理費については、対象としない。
④ なお、住民意向を集約し、震災遺構として保存するかどうか判断するまでに時間を要する場合、その間必要となる応急的な修理等に係る費用や結果的に保存しないこととした場合の撤去費用については、復興交付金で対応する。

第 1 節　震災の記憶とコンテンツ化

　この方針を受け、宮城県では震災遺構の選定対象として、「被災の痕跡を残す構造物・建築物（必要に応じ地形、地層等も含む）であると同時に、鎮魂、後世に向け防災・減災に役立つものであり、原則として、現地保存されるもの」と定義し、保存向けた協議を進めていった。そして、その過程で震災遺構の役割に次の 3 点を挙げている。

① 鎮魂
　震災で失われた人命の尊さ、被害を最小限に食い止める努力、復旧・復興に向かう姿勢など、見る人がそれぞれ震災について考え、長く記憶にとどめ続けることが鎮魂につながる。
② 災害文化の伝承
　津波の恐ろしさを伝え、類似災害が発生した場合にどう対応すべきかを、日常的に思い起こし語り継ぐことを促す。
③ 次世代への継承
　被災地以外の地域や次世代の人々も含めた幅広い対象に、震災の脅威や教訓を伝え、防災意識の醸成を促す。

　また、選定の具体的な評価基準は表 5-1 で示される「歴史的価値」、「教育的価値」及び「鎮魂」を挙げ、同項目のもとで検討が進められた。
　東日本大震災は、被災地に甚大な犠牲と被害をもたらしたが、同時に全国から数多くのボランティアが駆け付け、今なお活動している。北上葦原の瓦礫清掃ボランティア活動を運営する NPO 法人の代表から「本震災支援をきっかけに都会の若者にボランティア精神や人を支える経験が培われる。」と活動の意義について語って頂いた。
　震災は多くの人々のボランティア精神を掻き立てると同時に震災遺構や語り部による被災体験談等の有形・無形の貴重なコンテンツを生み出した。「観る」「聞く」「体験する」を肌で感じ、学べる本コンテンツは歴史的災害遺産として伝承されるべきものである。
　では、私達はこの遺産をどう観光に生かし、後世に伝承してゆくべきだろ

第 5 章　観光振興に向けて

表 5-1　宮城県　震災遺構評価基準

項目		重要度の考え方
歴史的価値	希少性	県内外に類似の遺構がない（少なくとも県内にはない）など、希少性が高い。
	発信力	震災を象徴するものとして、様々な媒体に取り上げられるなど、県内外で広く認知されている。
教育的価値	教訓	「津波を過小評価しない」「避難行動のあり方」「災害に対する日頃の備えの大切さ」などの震災の教訓を、見る人に伝えている。
	インパクト	見る人に対し、津波の破壊力や恐ろしさが、実感を伴って伝わる。
	再現性（伝わりやすさ）	外側から見ただけでも、施設の被災状況が確認でき、津波の脅威や被害の大きさが十分に伝わる。
鎮魂		来訪者による鎮魂・祈りの場となっている。

出所：宮城県震災遺構有識者会議資料

うか。

　宮城県経済商工観光部観光課を訪れ、今後期待する観光について尋ねたところ「親御さん達にご理解頂き、子ども達に来て欲しい」との話を伺った。第3章で石巻市の観光課題を SWOT 分析で整理したが、「脅威（Threat）」」に「被災地を訪れることに不安を抱く客層の存在」が挙げられた。教育旅行は特に安全性に敏感である。そして一度離れてしまうと、なかなか観光地として選定されることが困難になる。2013 年 10 月に台風 26 号による記録的大雨と大規模な土砂災害（死者・行方不明者 39 名）に見舞われた伊豆大島で、東京都と大島町は復旧活動に力を入れるとともに、その後速やかな安全宣言及び観光 PR の発信に力を注いだ。日本観光研究学会の第 54 回懇話会（2017年）にて、株式会社ホテルニューアワジ代表取締役の木下氏から阪神・淡路大震災でのご経験を伺った。被害の大きかった淡路島の北淡地域とは異なり、ホテルニューアワジの営業は継続していたにもかかわらず、直後の宿泊客は 8 割減（2 割は警察とマスコミ関係者の宿泊）。予約が戻り始めるまで半年の時間を要したという。その間、ホテルとしては「被災された方々にお見舞い申し上げます。」とのメッセージを添えたうえで、「（淡路島は）元気です。」

第2節 終わりに

と呼びかけることが肝要とのことだった。やはり、粘り強く安全性と、防災
教育としての被災地観光の教育的価値を訴えていくことが、観光客を呼び戻
すためには必要であろう。

第2節　終わりに

　本書タイトルに「データで読み解く被災地観光の可能性」と名付けた。震
災から幾分か月日が流れたが、今なおその地で風評被害に苦しむ方々が大勢
いる。被災地で何が観光資源と成り得るのか、観光研究をどう生かすことが
できるのか。政府や行政を動かすには被災地を取り巻く諸現象を科学的に検
証したうえで政策提言を行うべきであるとの思いから研究を進め、観光振興
の可能性を探ってきた。

　第1章では、観光研究分野においてマーケティング等の手法を用いた解析
的アプローチがほとんど行われていない点について触れ、先行調査研究を整
理した。

　「震災被害額に関する研究」では、過去の研究が直接被害額の推計を中心
に行われてきており、間接的被害額である観光被害額の推計が必要である点
について触れた。「観光費（投資）の評価に関する研究」では、幾つかの
DEA研究事例はあるものの、実は観光に対する市民のイメージと観光費の
効率性に関する議論が十分に行われていない点を問題視した。また、「観光
地の誘引力に関する研究」では、観光スポットの定量分析が進められている
ものの、休日の過ごし方が多様化されつつある今日、「観光も余暇の一つの
選択肢」と位置づけて解析された研究事例は乏しく、人々の余暇の選択的行
動を捉えた分析を行う意義が大きいことを指摘した。「観光資源の価値測定
に関する研究」では、被災地の観光資源に対する便益評価研究があまり行わ
れていないことを指摘し、観光復興を成し得るためには便益評価が不可欠で
ある点を説いた。

　第2章では、2000年代以降のネット社会の到来で観光地では誘致合戦に

拍車が掛かり、優勝劣敗の構造が構築されつつある点を明らかにした。そして、その競争はバブル期以前のハード中心のものから、知恵を絞ったソフト路線に転換してきており、人や企業や行政がネットワークでつながり、観光地としての魅力向上に成功した地が、結果として観光客誘致、観光振興を実現させている。また、情報化社会を迎え、ネット環境が整備されてきたことで、訪れた旅行者はリピーターに成り得るだけでなく、オピニオンリーダーとして、世間にその地の魅力について情報発信をしてくれる。クチコミ（WOM：word-of-mouth）が新たな旅行者を呼び込むようになった。年々、活用できるデータが揃ってきた。今後は観光振興に向けたマーケティングの重要性が益々高まっていくことだろう。データを踏まえた戦略を練る時代の幕は既に開かれている。

　第3章では、石巻市の観光の現状分析を把握する為に、市が公表するデータから観光客が石巻訪問時に訪れる場所や震災からの復旧状況を整理するとともに、東北地域県間産業連関表を用いたネットワーク分析によって観光産業が産業間ネットワークのハブとなる重要産業であることを確認した。観光産業は東北地域にとって、今や基幹産業になっている。そこで、震災で受けた傷がどの程度であったのか、産業連関表分析で観光損失額を推計したところ、75億8,400万円の被害額が計測された。推計でき、ダメージの大きさについても金額的に把握することができた。では、これに対して地元行政はどのような措置を取っているのか。不足していることは無いか、この点を確認するべく、「石巻市観光復興プラン」を基にSWOT分析を行った。「石巻市震災復興基本計画実施計画」及び「予算書」から石巻市の観光施策課題を探ったところ、"「復興応援ツアーやボランティア体験ツアー」の企画"や"仙台市での石巻市復興の積極的PR"といった面が不十分であることが分かってきた。

　行政の事業でPR不足、マーケティング不足を含む戦略意識の低さは、しばしば指摘されることであり、観光事業に限らず、社会福祉事業や地域振興策などあらゆる面で垣間見ることができる。残念ながら戦略性・効率性に対する意識は総じて希薄である。もちろん、行政が観光振興を目指して新たな

PR 事業などの観光費を支出する場合、その効果を客観的に把握し、支援を講ずることの論拠づけが必要となる。観光振興に向けた取組みは、石巻市と同様に各県、各市で毎年度、様々な観光事業を通じて実施されている。そこで都道府県及び宮城県内の他自治体との相対比較から石巻市の観光費（投資）の効率性を分析した。その結果、宮城県内の自治体の中でも石巻市は最下位に位置することが明らかとなった。やはり、市観光資源の一層の魅力発信や観光費の効果的運用が望まれる。では、観光振興を戦略的に進めるには何が必要であろうか。最も必要なのは、観光ニーズが何処にあるのかを知ることではないだろうか。

　第 4 章では、観光ニーズを分析した。まず、年代別の余暇活動に対する趣向を探るうえで、アンケートや旅行サイトに書き込まれているテキストデータによる解析を行った。国民生活時間調査報告書やレジャー白書によると、60 代以上の自由行動時間の増加が著しい。20 年ほど前は余暇活動の主役が10 代、20 代であったが、今や 50 代、60 代以上が主役になってきていることが分かる。また、余暇時間の使い道が純粋な休息だけではなく、自己啓発やスポーツなど自分磨きにも力点が置かれるようになってきており、観光形態にも多様性が生じてきた。そこで、改めて AHP 分析を用いて休日の使い方について解析したところ、若い層で自己研鑽意欲が高いことが示された。また、石巻・気仙沼地区にある宿泊施設のレビューデータを用いて言語解析を行ったところ、復興やボランティアを意識して訪れる者が多く、特に 40代層でその傾向が見受けられた。この結果は果たしてたまたま得たものなのだろうか。本書では詳しい紹介を省くが、2016 年 4 月に起こった熊本地震でも、石巻市と同様に益城町、南阿蘇村、西原村と熊本市の 66 宿泊施設の泊まった 357 人のじゃらん net のレビューデータを基に解析を行った。この結果、石巻のケース程顕著ではないものの、やはり 40 代層がボランティアに関心を示し、被災地を訪れていることが分かった。今やロストジェネレーションと呼ばれる世代も 40 代層の構成メンバーとなった。就職氷河期や就業不安定感を背景に、「何のために仕事をするのか」と漠然とした疑問と不安を抱えながらも成果主義という名のノルマ主義が導入された職場で生き残

るのに必死で、消費行動にすごく慎重な世代である。この世代が「困っている人の役に立ちたい」と思い、ボランティアに参加し、人から喜んでもらうことに喜びを感じる。こうした行動は自然な流れであり、世代的な特徴でもあろうかと思われる。

ボランティアツーリズムには色々なものがあるが、その代表的なものに、北上葦原清掃ボランティアがある。北上葦原は石巻市を代表する観光資源であるが、震災で大きなダメージを負ってしまった。その美しい景観を復活させるには、大変な労力が必要であり、多くの若者が全国から駆けつけていた。しかし、こうした市民の取組みがある一方で、石巻市の観光復興プランには葦原の復旧を目的とした事業が無い。行政サイドがそれ程重きを置いていないという証左であろう。そこで今回、産業連関分析と支払意思額に基づいて分析される仮想市場評価法を用いて北上葦原の価値を計測することにした。その結果、間接的利用価値（indirect use value）は産業連関分析によると約2億5,100万円、非利用価値（non use value）は仮想市場評価法によると中央値支払意思額ベースで約6,300万円、平均値支払意思額ベースで約1億円と推計された。現在、石巻市では復興計画予算として北上川の河川整備計画が練られ予算が投下されているが、北上葦原の保全は謳われてはいない。震災前の観光資源としての自然景観価値、観光資源の保全による地域振興の可能性の側面からの検討も期待したい。

第5節では、被災地である石巻ツアーを企画した際、どのような観光プランが好まれるのかをコンジョイント分析を用いて検討した。この結果、「観光周遊バス語り部ガイドツアー」や「ボランティア体験」を盛り込んだ体験型の旅行パッケージにすると人気が出るといった結果を得た。今回は筆者個人の力量の限界もあり、スモールサンプル調査で行ったが、こうした分析を大規模サンプルで行うことができれば、より詳しく年代層別、あるいは所得階層別に何が好まれるのかを明らかにできるだろう。

第5章では、被災地を訪れて感じた点と新聞等から見聞きする情報から観光復興に向けて何が求められるのかを論じた。震災やその後の津波によって沿岸部を中心に多くの有形・無形の観光コンテンツが消失した。しかし、そ

の一方で震災遺構や被災体験という新たな観光コンテンツが誕生した。それは癒しや非日常的な楽しみを与えてくれる素材ではないが、自然の驚異と防災に対する備えを学ぶうえで非常に貴重な資源であり、後世に伝承されるべき遺産ともいえるコンテンツである。このコンテンツを国内外に発信していくことが被災地における地域観光振興の鍵となろう。

表 5-2　多角的観光振興戦略分析

《現状分析》

ヒアリング	観光者が多く集まる場所（物産センター等の観光施設）、宿泊施設及び地元行政に対してヒアリングを行い、どのような事業や対策を行っていくのか、また、支援を必要としているのかを把握することができる。
産業連関分析	地域全体の観光損失額を推計するモデルを組立てることで、長期的にどの程度の経済的影響が生じるのかを予測できるようになる。
CVM 分析	災害によって毀損した有形及び無形の観光資源の価値を測定することができ、復旧・復興に向けた優先度を判断するための材料として活用できる。
特化係数分析ネットワーク分析	地域における産業のネットワークや特徴を視覚化して把握することができ、継続した調査を行うことで、災害による産業構造の変化を捉えることができる。
AHP 分析	様々な年代や地域を対象に調査を行うことで、観光に対する市民のニーズを把握することができる。
DEA 分析	本書では行政単位で比較したが、宿泊施設や交通機関等でも分析するができ、調査対象の経営効率性に対する相対的評価が可能になる。

《戦略分析》

テキストマイニング	クチコミを分析することで、時々刻々と変化する観光ニーズを把握することができるようになる。
SWOT 分析	行政の実施する観光事業関連の計画や調査報告書から、今後どのような施策や事業が必要となってくるかを整理することができる。
コンジョイント分析	人気の出る旅行商品が何であるのか、商品開発に役立てることができる。
共分散構造分析	テレビコマーシャルの好感度調査などのデータを対象に、同手法を用いて解析することで、どのような内容の宣伝を行えば、人々の記憶に残る宣伝が作成できるかを分析することができる。

出所：筆者整理

第 5 章　観光振興に向けて

　また、もちろん観光振興を盛り上げるのに、最も不可欠であるのは人材であり組織である。アーカイブの蓄積と同時に、語り部やボランティアなど携わる人材や育成・マネジメントを行う組織が必要である。日本は災害大国である。日本人が今回の災害を他人事として片付けず、自分も当事者となりうる感覚を常に持ち、風化させない仕組みを作っていかねばならない。災害は助け合い精神を喚起させ、多くの人が石巻市を訪れるようになった。行政はこうした動きを施策や事業で支援していくべきだろう。

　この度、被災地に災害対策本部の応援要員として派遣されたことが、研究を始めるきっかけとなった。休日に訪れた観光地の閑散とした状況を目の当たりにし、公共政策に携わる者に課せられた課題の１つであると思われた。そこで何度か訪れた石巻市を例に挙げ、定性及び定量的分析から現状を把握し、観光振興に向けた戦略を検討してきた。こうした分析は観光振興戦略を練るうえで有益であると思われる。そこで、最後に改めて観光振興に向けた調査プランを多角的観光振興戦略分析として提示する（表5-2）。

　石巻市を対象とした今回の分析からは、特に40代・50代層をターゲットにした語り部ガイドやボランティア体験を含む観光商品開発を図ることが被災地観光として有効である点が明らかとなった。今回のような不幸な出来事を震災の記憶として人々の心につなぎ止め、官民一体で復興に向けた歩みを進め、また、その被災地の姿を国内外に観てもらう取組みが積極的に展開されることを期待したい。

参考文献

第 1 章

浅川雅美・岡野雅雄（2008）「与那国島の観光パンフレットの訴求内容分析」,『湘南フォーラム：文教大学湘南総合研究所紀要』12, pp. 139-147, 文教大学

有村博紀（2003）「テキストマイニング：ウェブデータからの知識発見を目指して」,『日本化学会情報化学部会誌 21(2), 28』

岩城秀裕・是川夕・権田直・増田幹人・伊藤久仁良（2011）「東日本大震災によるストック毀損額の推計方法について」,『経済財政解析ディスカッション・ペーパー』, 内閣府

伊多波良雄（2010）「コンジョイント分析による京都市の景観の経済評価」,『經濟學論叢』61(3), pp. 473-490

稲田義久・入江啓彰・島章弘・戸泉巧（2011）「東日本大震災による被害のマクロ経済に対する影響―地震、津波、原発の複合的被害―」,『KISER report』, 関西社会経済研究所

内田順文（1998）「中部地方における都市のイメージについて―観光パンフレットを用いた場所イメージの定量的解析の試み―」,『国士舘大学文学部人文学会紀要』(31), 国士舘大学

尾家建生（2010）「ニューツーリズムと地域の観光産業」,『大阪観光大学紀要開学 10 周年記念号』, 大阪観光大学

垣内恵美子（2012）『文化的景観を評価する―世界遺産富山県五箇山合掌造り集落の事例』, ㈱水曜社

河村誠治（2004）『観光経済学の原理と応用』, 九州大学出版会

倉本宜史・金坂成通・赤井伸郎（2012）「公営交通事業の効率性」,『地方分権化への挑戦』, 大阪大学出版会

栗山浩一（2005）「環境政策の費用便益分析」,『フィナンシャル・レビュー』, 財務総合政策研究所

小池淳司・平井健二・吉野大介（2010）「宿泊旅行統計を活用した観光施策評価手法の適用可能性に関する分析」, 観光庁発表論文

佐々木謙一・長谷川明彦（2006）「民間資金主導の地域政策」,『地域と社会』, 大阪商業大学比較地域研究所

柴崎隆一・荒牧健・加藤澄恵・米本清（2011）「クルーズ客船観光の特性と寄港地の魅力度評価の試み」,『運輸政策研究』vol. 14. No. 2, 運輸政策研究機構

須田寛（2005）『産業観光読本』, 交通新聞社

高橋清・五十嵐日出夫（1990）「観光スポットの魅力度を考慮した観光行動分析と入込み客数の予測」,『土木計画学研究・論文集』No. 8, 土木学会

田村正紀・大津正和・島津望・橋本理恵（2012）『観光地のアメニティ―何が観光客を惹きつけるか―』，白桃書房

辻井康一・津田和彦（2012）「テキストマイニングを用いた宿泊レビューからの注目情報抽出法」，『情報処理学会デジタルプラクティス Vol. 3 No. 4』

日本交通公社（1971）『観光地の評価手法』

原田泰（2012）『欺瞞の構図』，新潮新書

肥田野登（1999）『環境と行政の経済評価』勁草書房

細江宜裕（2011）「レジャー消費自粛の経済効果―産業連関モデルによる分析」，『GRIPS Discussion Paper 11-04』，政策大学院大学

宮良いずみ・福重元嗣（2002）「公営バス事業の効率性評価」，『会計検査研究』No. 26，会計検査院

室谷正裕（1998）『新時代の国内観光―魅力度評価の試み』，運輸政策研究機構

森重昌之（2012）「観光資源の分類の意義と資源化プロセスのマネジメントの重要性」，『阪南論集 Vol. 47 No. 2』，阪南大学

吉田謙太郎（1999）「都市近郊農地の防災・アメニティ機能―埼玉県見沼田圃―」，出村克彦・吉田謙太郎編『農村アメニティの創造に向けて』（大明堂）第 6 章第 2 節，pp. 88-102

A. Charnes, W. W. Cooper and E. L. Rhodes（1978）Measuring the efficiency of decision making units. European Journal of Operational Research. 2(6): 429-444

内閣府（防災担当）「東日本大震災における被害額の推計について」平成 23 年 6 月 24 日

内閣府『国民経済計算』

日本旅行業協会（2014）『数字が語る旅行業 2014』

財務省ホームページ：http://www.mof.go.jp

総務省統計局・東日本大震災関連情報サイト：http://www.stat.go.jp/info/shinsai

東京都ホームページ：http://www.metro.tokyo.jp

内閣府ホームページ：http://www.cao.go.jp

第 2 章

足羽洋保（1997）『観光資源論』，中央経済社

小谷達男（1994）『観光事業論』，学文社

澤田知樹（2009）「観光関連法規紹介」，『観光学』第 2 巻，和歌山大学

砂本文彦「1930 年代の国際観光政策で検討された観光関連施設整備構想」，『都市計画. 別冊，都市計画論文集＝City planning review. Special issue, Papers on city planning』32，日本都市計画学会

中村宏（2007）「戦時下における国際観光政策：満州事変、日中戦争、第二次大戦」，『神戸学院法学』36(3/4)，神戸学院大学法学会

新田太郎（2010）「「日本八景」の選定—1920 年代の日本におけるメディア・イベントと観光」，『Booklet 18 Cultural Tourism』，慶応義塾大学アートセンター

長谷川順一郎「観光基本法と観光政策の変遷」，『横浜商大論集』32(2)，横浜商科大学

半澤誠司（2010）「文化産業の創造性を昂進する集積利益に関する一考察」，『人文地理』第 62 巻 4 号，人文地理学会

福山潤三（2006）「観光立国実現への取り組み—観光基本法の改正と政策動向を中心に」，『調査と情報』（554），国立国会図書館

宮町良広（2008）「「グローカル化」時代におけるグローバル都市のネットワーク」，『経済地理学年報』第 54 巻 4 号，経済地理学会

水野真彦（2010）「2000 年代における大都市再編の経済地理」，『人文地理』第 62 巻 5 号，人文地理学会

矢野経済研究所サービス産業事業部調査・編集（2010）『旅行サイトの市場動向と業界展望』，矢野経済研究所

横山弘（1973）「東北地方の観光開発」，『弘大地理』9，弘前大学教育学部地理学研究室

Wang Yan（2005）「戦後日本の旅行市場と旅行業の展開過程—JTB の事例から—」，『現代社会文化研究』32，新潟大学

石巻市（2013）『石巻市震災復興基本計画』

岩手県（2011）『岩手県東日本大震災津波復興計画〜いのちを守り海と大地と共に生きるふるさと岩手・三陸の創造〜』

観光庁（2013）『観光白書（平成 25 年版）』

福島県（2011）『福島県復興計画（第 1 次）〜未来につなげる、うつくしま〜』

宮城県（2011）『宮城県震災復興計画〜宮城・東北・日本の絆再生からさらなる発展へ』

JTB 総合研究所（2012）『JTB 宿泊統計年報 2012』

観光庁ホームページ：http://www.mlit.go.jp/kankocho

財務省「法人企業統計調査」，時系列データ

静岡県議会ホームページ：http://www.pref.shizuoka.jp/gikai

総務省統計局「消費者物価指数（CPI）」，時系列データ

内閣府「GDP デフレーター」，暦年データ

日本政府観光局（JNTO）ホームページ：http://www.jnto.go.jp/jpn

第 3 章

伊多波良雄（1999）『これからの政策評価システム—評価手法の理論と実際—』，中央経済社

入谷貴夫（2012）『地域と雇用をつくる産業連関分析入門』，自治体研究社

株式会社日本政策投資銀行（2012）「宿泊旅行を中心とした観光の課題と展望—東北

における震災の調査を踏まえて―」

金明哲・鈴木努（2009）『ネットワーク分析』，共立出版

小長谷一之・前川知史（2012）『経済効果入門―地域活性化・企画立案・政策評価のツール―』，日本評論社

小林宏光（2012）「近畿地域の産業間ネットワーク分析」，『社会科学雑誌第5巻』，奈良学園大学社会科学学会

田村肇（2013）「産業連関表とネットワーク中心性尺度」The 27th Annual Conference of the Japanese Society for Artificial Intelligence, 2013

千葉賢一（1996）『年表による石巻の歴史　全訂』，ヤマト屋書店

張長平（2013）『観光分析：計量的アプローチと応用』，古今書院

刀根薫（1993）『経営効率性の測定と改善：包絡分析法DEAによる』，日科技連出版社

中井達（2005）『政策評価―費用便益分析から包絡分析法まで』，ミネルヴァ書房

長谷川明彦（2012）「東京経済と産業連関表」，『産業連関』，環太平洋産業連関分析学会

平井貴幸（2012）『外客誘致の経済分析：日本のインバウンド観光と地域開発』，五絃舎

藤井貴弥・岡本浩一（2010）「恵庭市道と川の駅内「かのな（花野菜）」の設立経緯」，『日本建築学会北海道支部研究報告集』（83）

吉本論・大城健・原勲（2009）「沖縄農業の多面的価値に関する定量的分析―沖縄観光への貢献度額と経済波及効果の推計」，『地域学研究』39(4)，日本地域学会

Burt, R. S.（1992）. Brokerage and Closure. Oxford, UK: Oxford University Press

石巻市ホームページ：http://www.city.ishinomaki.lg.jp

㈱七十七銀行（2011）『石巻市産業連関表（平成17年表）推計調査結果』

観光庁『宿泊旅行統計調査』

国土交通省（2008）『旅行・観光産業の経済効果に関する調査研究Ⅷ』

総務省（2010）『家計調査年報（家計収支編）』

総務省（2010）『都道府県決算統計状況調』

総務省（2012）『都道府県決算統計状況調』

総務省（2010）『市町村別決算状況調』

総務省（2012）『市町村別決算状況調』

中小企業基盤整備機構（2011）「被災地域における雇用創出と産業振興について―産業連関分析によるシミュレーションを中心に―」，『中小機構レポート』

日経リサーチ（2010）『地域ブランド戦略サーベイ2010　地域総合評価編』

日経リサーチ（2013）『地域ブランド戦略サーベイ2013　地域編』

福島県（2009）『アナリーゼふくしま』No. 18

宮城県（2012）『観光統計概要』

第 4 章

浅川雅美・岡野雅雄（2009）「離島の観光パンフレットに対する反応の分析—与那国島の場合—」,『島嶼研究』(9), 日本島嶼学会

跡田直澄・福重元嗣（2000）「中高年のボランティア活動への参加行動：アンケート調査個票に基づく要因分析」,『季刊社会保障研究』36(2), 国立社会保障・人口問題研究所

有馬昌宏（2009）「「第 3 種の過誤」に陥らない住民参加のまちづくりの可能性」, 社団法人オペレーションズ・リサーチ学会『経営の科学』54(1)

池内淳（2004）「仮想評価法による公共図書館の経済評価」,『日本図書館情報学会誌』49(3)

石川慎一郎・前田忠彦・山崎誠（2010）『言語研究のための統計入門』, くろしお出版

石田基広（2008）『R によるテキストマイニング入門』, 森北出版

一場博幸・安類智仁・古谷勝則（2008）「尾瀬ヶ原における望ましい日帰りの自然ガイドツアー実施方策に関する考察」,『ランドスケープ研究』71(5), 日本造園学会

牛房義明（2012）「仮想評価法（CVM）による門司港レトロ景観の評価」,『北九州市立大学商経論集』48(1・2)

内田治（2010）『数量化理論とテキストマイニング』, 日科技連出版社

大橋昭一（2012）「ボランティア・ツーリズム論の現状と動向：ツーリズムの新しい動向の考察」,『観光学』第 6 巻, 和歌山大学

岡田さとみ・栗原伸一・霜浦森平・大江靖雄（2008）「グリーン・ツーリズムに対するニーズ分析」,『農業経営研究』46(2), 日本農業経営学会

岡本眞一（1999）『コンジョイント分析：SPSS によるマーケティング・リサーチ』, ナカニシヤ出版

木下栄蔵（2000）『入門 AHP：決断と合意形成のテクニック』, 日科技連出版社

木下栄蔵・大野栄治（2004）『AHP とコンジョイント分析』, 現代数学社

栗山浩一（2005）「コンジョイント分析による地球温暖化効果と安全性の経済評価」,『早稲田政治経済学雑誌』(358)

久保雄広・庄子康・拓殖隆宏「知床のエコツアーに対する一般市民と訪問者の選好の違い」,『ランドスケープ研究』74(5), 日本造園学会

後藤浩一, 湯本真樹, 西村卓也（2004）「企業消費者間電子商取引における AHP を用いた販売支援方法」,『近畿大学理工学部研究報告第 40 号』

高萩栄一郎・中島信之（2005）『Excel で学ぶ AHP 入門：問題解決のための階層分析法』, オーム社

樋口耕一（2014）『社会調査のための計量テキスト分析』, ナカニシヤ出版

肥田野登（1999）『環境と行政の経済評価—CVM（仮想市場評価法）マニュアル』, 勁草書房

真城知己（2001）『SPSS によるコンジョイント分析：教育・心理・福祉分野での活用法』，東京図書

安本美典（1958）「文体統計による著者推定—源氏物語・宇治十帖の作者について—」，『心理学評論 Vol 2，No. 1』，心理学評論刊行会

山田義靖（1998）「集団の合意を得るためのグループ AHP 法」，『日本オペレーションズリサーチ学会（40）』

吉田謙太郎（2004）「地方環境税導入時における住民参加手法としての環境評価利用—神奈川県水源環境税を事例として—」，『環境経済・政策学会年報』第 9 号

喜田昌樹（2008）『テキストマイニング入門：経営研究での活用法』，白桃書房

代喜一（1999）『コンジョイント分析』，データ分析研究所

Ciriacy-Wantrup SV.（1947）Capital Returns from Soil-Conservation Practices. Journal of Farm Economics 29, 1181-1196.

Greene, W. H.（2000）Econometric Analysis, 4th ed. Prentice Hall.

Hanemann, M., Loomis, J., and Kanninen, B.（1991）Statistical Efficiency of Double-Bounded Dichotomous Choice Contingent Valuation., American Journal of Agricultural Economics 73, 1255-1263.

Michael Greenacre, Jorg Blasius（1994）Correspondence Analysis in the Social Sciences, Academic Press

Mi-Jung UM, Seung-Jun Kwak, and Tai-Yoo Kim（2002）Estimating Willingness to Pay for Improved Drinking Water Quality Using Averting Behavior Method with Perception Measure，Environmental and Resource Economics 21

公益財団法人日本生産性本部（2013）『レジャー白書 2013』

国土交通省（2009）『仮想的市場評価法（CVM）適用の指針』

仙台都市総合研究機構（2001）「都市公共交通事業が地域にもたらす経済的・社会的効果の予測・評価に関する事例研究」，『SURF 研究報告』

内閣府（2013）『国民の生活に関する世論調査』

NHK 放送文化研究所（2011）『2010 年国民生活時間調査報告書』

第 5 章

阿部晃士・堀篭義裕・茅野恒秀（2013）「大船渡市における震災 9 カ月後の生活と意識：復興過程に関するパネル調査の起点」，『総合政策』14(2)，岩手県立大学総合政策学会

阿部未幸（2014）「地域における郷土芸能の役割と今後の可能性：岩手県岩泉町「中野七頭舞」を事例として」，『総合政策』15(2)，岩手県立大学総合政策学会

桑田但馬（2014）「震災対応財政 2 年間の実態と課題：岩手沿岸市町村を事例に」，『総合政策』15(2)，岩手県立大学総合政策学会

島田恵司（2013）「岩手県大槌町にみる東日本大震災の復興課題」，『自治総研』(421)，

地方自治総合研究所

芝野あゆみ・金岩稔（2014）「東日本大震災被災地東北 3 県における水産資源モニタ
　　リング提言」,『東京農業大学農学集報』59(1)

総合観光学会編（2013）『復興ツーリズム：観光学からのメッセージ』, 同文館出版

西村幸夫（2011）「震災復興とツーリズムの役割（特集　東日本大震災からの復興に
　　向けたツーリズムの役割—復興プランへの提言）」,『観光文化』35(4), 日本交通
　　公社

二神真美（2012）「東日本大震災による観光への影響に関する一考察—インバウンド
　　ツーリズムを中心に—」,『NUCB journal of economics and information science』56
　　(2), 名古屋商科大学

丸岡泰・大森信治郎・清水義春・庄子真岐（2012）「東日本大震災後の復興初期の石
　　巻圏への旅行振興：旅行実態と奥尻島の防災研修事例に基づく考察（特集東日本
　　大震災と観光)—(東日本大震災特別研究最終報告)」,『観光研究』日本観光研究
　　学会機関誌 24(1)

横山純一（2014）「石巻市における東日本大震災からの復旧・復興と財政」,『自治総研』
　　(423), 地方自治総合研究所

国立教育政策研究所社会教育実践研究センター（2013）『企業とボランティア活動に
　　関する調査研究報告書』

広島平和記念資料館ホームページ：http://www.pcf.city.hiroshima.jp

宮城県ホームページ：http://www.pref.miyagi.jp

宮古市ホームページ：http://www.city.miyako.iwate.jp

陸前高田市ホームページ：http://www.city.rikuzentakata.iwate.jp

あとがき

　日本公共政策学会が 2015 年に公表した「学士課程教育における公共政策学分野の参照基準」に、「公共政策学は、その政策が働く社会により良い未来をもたらすことを目指す学問である。」とある。

　2011 年に福島県災害対策本部に派遣された。応援職員として被災地に少しでも貢献できればと意識し、公務員として、ある種の遣り甲斐を感じる瞬間を多く持った。やがて、派遣期間が終了し、元の職場に戻ると、改めて統計職員として自分にできることを考えさせられた。昨今、行政ではエビデンスに基づく政策判断が求められる時代になっている。公共政策に関わる政策分析のノウハウを磨くことが、引き続き被災地に貢献でき得る力になるはずだとの思いが募り、大学の門を再び叩くことになった。そして、法政大学大学院公共政策研究科に入学し、「より良い未来をもたらす」学問の習得を目指して研鑽を積んできた。その集大成が本書である。本書は 2015 年に提出した博士学位論文「被災地観光資源の多角的考察—データを活用した石巻市観光振興—」に追補したものであり、2016 年度法政大学大学院博士論文助成金を得て刊行するものである。

　博士論文の執筆にあたり、多くの方々のご指導、ご助言とご協力をいただいた。なかでも、完成に向けて研究指導をしていただいた法政大学公共政策研究科の名和田是彦科教授に厚くお礼を申し上げる。

　法政大学公共政策研究科の杉崎和久教授からは、包絡分析法における指標選択に関するご指摘をいただき、研究を深めることができた。

　法政大学経済学研究科の近藤章夫教授からは、経済学における先端研究をご教示頂き、本書において、ネットワーク分析やテキストマイニングなどの手法にチャレンジする機会を与えていただいた。

　大阪大学経済学研究科に学生として在籍していた頃に数理統計をご指導頂いた摂南大学の田中克明名誉教授には、テキストマイニング及び DEA 分析について有意義なご示唆をいただいた。

大阪大学時代の同窓であった有限会社シンクロジック・ジャパン代表取締役の小倉信一郎氏及び神戸市外国語大学の藤井隆雄准教授には、石巻におけるCVMアンケートの事前チェックの他、分析における有意義なご示唆をいただいた。

　また、名和田ゼミの研究仲間からも多くのご示唆、励ましをいただいた。

　仕事と研究の両立にご理解をいただき、支援して頂いた職場（東京都総務局統計部）の皆様にも御礼申し上げる。

　そして、本書の出版にあたり、大阪大学出版会の協力がなければ、研究成果を世に出すチャンスはなかったであろう。特に、編集長の岩谷美也子氏には、多くの有益なご指導をいただいた。改めて謝意を表したい。

　最後に、長期にわたり支えてくれた父義明、母實千枝に心より感謝を捧げる。

索　引

A-Z

AHP 分析（階層化意思決定法、
Analystic Hierarchy Process）　14,21,
22,27,110-112,114-118,169,171
CS（compensating surplus：補償余剰）
107,144,145
DEA（包絡分析法、Data-Envelopment-
Analysis）　14,18,19,90,91,99,103,
171
DISCOVER JAPAN　32
DMU（Decision Making Unit）　90,91,93
Exxon Valdez 号事件　144
GATT　25
Jaccard 距離　124,125,130,131
Jaccard 係数　124-126
NOAA パネル　144
PageRank　46,47,50-52
PFI　9,10
SWOT 分析　81,82,88,89,166,168,171
Ward 法　124,130

あ行

アウトカム　92,93,95
アメニティ・ミックス戦略　20
粗付加価値　40,41,44,74,78-81,140,
142
石巻市震災復興基本計画実施計画　84,
88,168
一対比較　26,111,112,114,116
一対比較行列　114
因子分析　14,19,20
受入補償額（WTA：willingness to accept）

24,143
易経　11
エントロピー（平均情報量）　13,35-37
オプション価値　142,143
オリンピック　31

か行

階層クラスター分析　123,126,130-132
仮想市場評価法（CVM：Contingent
Valuation Method）　14,24-27,139,
141,143,144,146,152,170,171
観光学　11
観光基本法　31
観光コンテンツ　27,159-162,170,171
観光商品　14,25,26,172
観光振興条例　7
観光損失額　72,81,139,141,142,168,
171
観光ブランド戦略　29
観光マーケット　37,105,108
観光立国　9
間接的利用価値（indirect use value）
141,143,170
完全プロファイル評定型　155,157
北上葦原　24,25,27,68,69,71,138,139,
141-148,152,153,155,165,170
教育的利用価値　141-143
共起ネットワーク分析　126,131,133
行政評価　9,18,24
共分散構造分析　171
近接中心性　45,46,52,53,55,57,59,61,
63,65
クチコミ（WOM：word-of-mouth）　38,

183

168,171

クラスタ係数　47,52,54,56,58,60,62,64

グラフ理論　41,42

グリーンツーリズム　6,13

計画事業予算制度（PPBS：Planning, Programming, and, Budgeting System）31,32

経済波及効果　17,39,40,72,139

形態素解析　23,122-124,129,130

拘束行動　105-107,108

効率値　14,92-94,99,103

コーポレートファイナンス　9

固有値　112,114,129

コレスポンデンス分析　127,128,134-136

コンジョイント分析（conjoint analysis）14,25-27,152-155,158,159,170,171

コンテンツツーリズム　6

さ行

最終需要　40,41,44,72,74-76,139-141

サブグループ　50,52-66,131

産業連関分析　14,27,72,139,141,152,170,171

三種の神器　30

参与観察　10

資源化プロセス　7-10,13,37

次数中心性　45,46,52-65

支払意思額（WTP：willingness to pay）24,25,27,143,145,146,148,150-152,170

支払いカード方式（payment card）145,146

自由回答方式（open-ended question）145,146

自由行動　105-108,169

準用財政再建団体　8

消費者余剰　19

消費転換係数　80,142

震災遺構　162-166,171

水源環境保全税　144

スモールデータ　115,154

生産額　17,40,44,69,140,141

線型計画（法）　18,90-92

全体効用　25,154

選択型　155,157

総合効果　74,80,142

総合保養地域整備法　32

存在価値　141-143

た行

ダークツーリズム　6

ターム・文書行列（term-document matrix）124,125

第一次間接効果　18,72,74,78,80,142

対数尤度関数　150,151,157

ダイナミックパッケージ　35

第二次間接効果（第二次波及効果）　18,72,74,79,80,142

多角的アプローチ　11

多角的観光振興戦略分析　171,172

探索的な解析　122

中央値支払意思額　170

中間需要　40,41,44,140,141

中間投入　40,41,44,74,140

直接効果　18,72,74,75,77,80,142

直接的利用価値（direct use value）　141,143

付け値ゲーム方式（bidding game）　145,146

定性的研究　10

データ解析　9,10,14,23,26
テキストデータ　22,124,169
テキストマイニング　14,22,23,27,119,
　121,122,126,135,159,171
デフレ経済　33
デンドログラム　123,124,126
投入産出表（input-output table，I-O 表）
　41
特化係数　69,70,171

な行

内生部門　40-45
2 項選択方式（dechotomous choice）
　145,146
2 段階 2 項選択方式（double-bounded
　dichotomous choice）　145,146,149
日本新八景　29
ニューツーリズム　6,7,13
ネットワーク分析　14,39,42,44,126,
　168,171
ノード　41-43,45-47,50,52,54,56,58,
　60,62,64,126,127,135,137

は行

媒介中心性　46,52-65
ハブ　42,45,47,52,54,56,58,60,62,64,
　66,168
ビッグデータ　10,23
必需行動　105,107
非利用価値（non-use value）　141,143,
　144,152,170
フードツーリズム　6

部分効用　25,154,158
ブルーツーリズム　6,13
プロジェクトファイナンス　9
プロファイリングカード　155,156
プロファイル　25,26,155,157
ペアワイズ評定型　155,157
平均値支払意思額　170
便益評価　14,18,19,167
防災教育　22,162,167
ボランティアツーリズム　106,170

ま行

マーケティング　4,5,9,21,81,127,153,
　167,168
マージン率　75,142
マス・ツーリズム　11,12

ら行

ラグランジュ未定乗数法　128,129
ランダム効用モデル　148,149
リバースマーケット市場　37
リンク　41,42,45-47,50,52,54,56,58,
　60,62,64,126
レジャー消費　17
レビューデータ　121,127,128,134,135,
　169
ロジスティック分布　149

わ行

分かち書き（word segmentation）　123,
　124

《著者紹介》

長谷川 明彦（はせがわ あきひこ）

東京都総務局統計部職員。名古屋市出身。
2004年、大阪大学大学院経済学研究科博士後期課程単位取得退学。2015年、法政大学大学院公共政策研究科博士後期課程修了。博士（公共政策学）。大和銀総合研究所研究員、りそな総合研究所副主任研究員、埼玉りそな産業協力財団（現 埼玉りそな産業経済振興財団）副主任研究員を経て現職。シンクタンク研究員時代はPFI支援（導入可能性調査，アドバイザリー業務）、自治体財務諸表の作成、アセットマネジメント構築、将来人口推計、及び各種政策立案等の行財政改革関連分野を担当。東京都職員に転身後は産業連関表を担当し、2013年に延長表、2016年に平成23年東京都産業連関表を公表。主要著書に『地方自治自立へのシナリオ』（共著、東洋経済新報社、2008年）、『地方分権化への挑戦─「新しい公共」の経済分析─』（共著、大阪大学出版会、2012年）がある。2016年に日本観光研究学会から学会賞（論文奨励賞）を受賞。また、同年、公益財団法人地域創造基金さなぶり「現場で役立復興論文大賞」から特別賞（日本政策投資銀行賞）を受賞。

データで読み解く被災地観光の可能性

2017年3月8日　初版第1刷発行　　　　　　　　　　　　　［検印廃止］

著　者　　長谷川 明彦

発行所　　大 阪 大 学 出 版 会
　　　　　代表者　三成 賢次

〒565-0871　大阪府吹田市山田丘2-7
　　　　　　　大阪大学ウエストフロント
TEL 06-6877-1614
FAX 06-6877-1617
URL：http://www.osaka-up.or.jp

印刷・製本　　尼崎印刷株式会社

© Akihiko Hasegawa 2017

Printed in Japan

ISBN 978-4-87259-568-0 C3033

Ⓡ〈日本複製権センター委託出版物〉
本書を無断で複写複製（コピー）することは、著作権法上の例外を除き、禁じられています。本書をコピーされる場合は、事前に日本複製権センター（JRRC）の許諾を受けてください。